奧黛麗·赫本

AUDREY
HEPBURN

艾琳·霍菲 EILEEN HOFER ——文
克里斯多福 CHRISTOPHER ——圖
蔡孟貞——譯

銘　謝

十二萬分感謝盧卡・多蒂（LUCA DOTTI），感謝他撥冗襄助、熱情接待、慷慨分享典藏文卷；克莉絲塔・羅斯女士（CHRISTA ROTH）提供諸多關於奧黛麗・赫本的生活軼事；以及任職波勒美術館（MUSÉE BOLLE，位於瑞士法語區的莫爾日市〔MORGES〕）的薩爾瓦多・哲伐西（SALVATORE GERVASI）與夏洛特・盧卡斯濟斯基（CHARLOTTE LUKASZEWSKI）。

感謝波勒基金會（FONDATION BOLLE）、莫爾日市政府、特洛什納鎮（TOLOCHENAZ，瑞士西部法語區的小鎮），以及日內瓦國際學校藝術中心的大力協助。

艾琳・霍菲要特別感謝瑞士聯合私人銀行（UNION BANCAIRE PRIVÉE）多年來對於她的影視作品以及圖像小說創作的贊助，還有日內瓦市政府與卡魯日鎮（CAROUGE，日內瓦東南方小鎮）的支持。

克里斯多福要特別感謝艾莎・德賽尼（ELSA DE SAIGNES）、艾梅黎克・勒帕吉（AYMERIC LE PAGE）、克里斯・梅納（CHRIS MENARD）、查爾-艾提安・德席德拉（CHARLES-ÉTIENNE DE CIDRAC）的鼎力相助。

並期待與諾爾・吉胡德—索汾（NOËLLE GIRAUD-SAUVEUR）、賽巴斯提安・達米安尼（SÉBASTIEN DAMIANI）、榮・達弗斯特（JEAN DAVOUST）、芬妮・夢蘿（FANNY MOREAU）未來的合作。

世界不會忘記她

國內各界深情推薦

平易近人的演繹，永恆的時代象徵

多數人腦海中一定有著這樣的一張照片，身著經典無領無袖黑色小洋裝、戴著大框黑色太陽眼鏡，想起來了嗎？她是優雅的代名詞，奧黛麗 · 赫本。

很長一段時間，我們總在過往的照片、或如《羅馬假期》《第凡內早餐》這樣的經典老電影裡追尋著奧黛麗 · 赫本優雅的身影。

現在，這本書以圖像小說的形式，或能更精準地說，我會稱之為平易近人的傳記漫畫，來演繹永恆巨星的一生。一種自信、優雅、溫暖與良善的氣息，讀完後你會發現她的影響力其實早已遠遠超過了她在銀幕上的任何一個角色，成為一個時代的象徵。__ **漫畫家 常勝**

圖文完美融合的視覺盛宴

翻開《奧黛麗 · 赫本》這部圖像小說，第一眼就被其時尚經典、雋永優雅的氣質所吸引。

有別於目前日本漫畫主流分鏡影視化且強調情感張力的表現風格，繪者克里斯多福（Christopher）回歸插畫藝術本質，用精緻的白描敘事手法，巧妙地運用黑白交織的畫面，呈現了赫本從戰火紛飛的童年到成為好萊塢巨星的蛻變，也見證了她作為人母的幸福與為慈善事業奔波的無私。艾琳·霍菲（Eileen Hofer）簡潔而有力的文字，深刻描繪了赫本內心的細膩與堅韌，圖文兩者完美融合，激盪出獨特的視覺盛宴。

這本書不僅重新詮釋了這位傳奇女星的生命故事，還帶領我們回到那個充滿魅力的黃金時代，值得每一位愛好歷史、時尚和藝術的朋友們細細品味。__ **漫畫家 林奕辰**

優雅是唯一不褪色的美

她是奧黛麗‧赫本，一個影史中完美的典型，但她長期對不完美深感困擾。因為青春期最重要的五年，在二戰中的荷蘭度過，因此營養不良，被媽媽稱為「醜小鴨」或是「奧莉薇」，嘲笑她像大力水手太高太瘦的女朋友。

她一直認為自己是會被世界很快忘記的女演員，但世界並不想忘記她，她的《羅馬假期》《窈窕淑女》《第凡內早餐》等經典作品，不斷被後世回放。到了 21 世紀，出版社找到奧黛麗‧赫本最小的兒子，得到珍貴的史料，完成這本圖像小說，細緻描繪奧黛麗‧赫本跌宕精彩的一生。從被父親遺棄、兩度流產、丈夫外遇、剪成「赫本頭」引起風潮，到晚年為對聯合國兒童基金會捨命奔波，演繹一代巨星的優雅一生。

是的，優雅是唯一不褪色的美。奧黛麗‧赫本的美與優雅，將因您的翻閱與回顧，永不褪色！
__ 作家 蔡淇華

關於赫本的一切，那最不可磨滅的時光隧道

奧黛莉‧赫本是 20 世紀風華璀璨的電影明星，更是許多人心目中永遠的銀幕女神。在現今社會以「快！短！火！」為潮流的當下，很難想像曾有這麼一位女性在她一甲子的人生歲月中能持續發光發熱，帶給全世界無窮盡的正能量。然而這麼一位偉大女性卻曾告訴友人：

「如果有人想要書寫我的一生，那這本書的開頭將會是我生於 1929 年 5 月 4 日，並卒於三週後。」

這樣的開場讓人驚異，更增添了赫本掩蓋在光鮮亮麗後的層層迷霧。而今，由資深電影人與記者艾琳‧霍菲撰寫的赫本傳記終於問世，本書不僅詳實記載了赫本的生平成就與不為人知的一面，同時還以圖文並茂的方式讓讀者產生更具象的想像，在閱讀傳記的同時彷彿也走進了時光隧道。

想知道赫本留給我們的除了多部經典電影外，還有什麼值得珍惜的事物嗎？請打開此書，相信定能讓您對赫本留下不可磨滅的印象。__ **資深音樂工作者、廣播金鐘主持人 呂岱衛**

（依來稿順序）

謹獻給奧黛麗……

1929年5月4日布魯塞爾基彥維德街48號

奧黛麗‧凱瑟琳‧范海姆斯特拉‧路斯頓出生於荷蘭一古老貴族世家。

1 Reine Wilhelmine:1880～1962，荷蘭女王。
2 Arnhem，荷蘭東部城市。
3 Užice，現為塞爾維亞西部城市。
4 Nassau，現為巴哈馬首都。
5 James Hepburn Bothwell，1534～1578，蘇格蘭貴族，蘇格蘭女王瑪麗的第三任，也是最後一任丈夫，曾短暫成為蘇格蘭國王。

她的外祖父，阿諾‧簡‧安‧亞利得‧范海姆斯特拉男爵一生效忠威廉明娜女王[1]，曾任阿納姆市市長[2]，之後更出任南美洲殖民地蘇利南總督一職（也就是舊荷屬圭亞那）。

其先祖曾擔任政府高級官職。權位之重足以載入國家歷史博物館的史冊。

娶妻愛布利格‧威廉明娜‧亨莉特‧范阿斯貝克，兩人共育有一子五女。

奧黛麗的母親，艾拉‧范海姆斯特拉於1900年誕生。她酷愛歌唱、詩歌與戲劇，然而在當時投身藝術無異於讓家族蒙羞。

艾拉宣布離婚後，沒多久便在荷屬東印度群島與約瑟夫‧維克多‧安東尼‧路斯頓傳來梅開二度的消息，喧騰一時。路斯頓出生於波希米亞地區烏日策[3]的落魄資產家族，父親是英國奧地利兩國混血。他很快便打起妻子財產與門第的主意。

後嫁與拿索[4]暨橘郡騎士，亨德利克，古斯塔夫，阿道夫，奎爾斯，范烏佛德，兩人婚姻維持了五年。她為他生下亞歷山大與伊恩兩個兒子，也就是奧黛麗的異父哥哥。

一個離婚的女貴族，沒多久又嫁與一名資產家？阿諾，你的女兒是想逼死我啊。

約瑟夫‧維克多‧安東尼‧路斯頓深信自己本家源於那位爭議性十足的詹姆士‧赫本‧伯斯威爾伯爵[5]，故而把赫本這個姓冠到自己的姓氏之中。

不要亂說，你看看她，根本是個小天使！

7 Billy Wilder，1906～2002，美國電影導演、製作人與編劇，一生得過六座奧斯卡金像獎。

在欽點奧黛麗‧赫本主演其代表作《龍鳳配》與《黃昏之戀》的美國電影大導比利‧懷德7的眼中，奧黛麗‧赫本確如天使從天而降。

怎麼樣？

很抱歉，路斯頓夫人，您的先生今天下午並沒有來上班。

怎麼會……您確定嗎？

是的，夫人，要給他留字條……

他知道了嗎？把電話給我……

好的，謝謝您。所以他馬上就會到了。

爸爸，他剛離開辦公室，應該是在半路上。

喀嚓

簡直是場災難。

3 Paul von Hindenburg，1847～
1934，第一次世界大戰後德國
威瑪共和時期的聯邦大總統。

孩子們，喝湯。

這可是我們抵禦共產主義洪流的最後一道防線。那個史達林是個極端危險分子，您不想去您享有的特權和您的房產吧，岳父大人？

當然不願意。從他寫的那本書來看，情況不是很樂觀。

爸爸，你老是杞人憂天。

乖女兒，悲觀者活得久，相信我，我有經驗。

奧黛麗，身體坐直。

好了，幹麼這般遮遮掩掩，我只不過是問問我打電話到辦公室找你時，你人在哪裡？

艾拉，我不喜歡那些不斷的指責和豐富的想像。

嫉妒害你失去了理智。
你難道看不出來你這是在
殘害我們的夫妻關係嗎？

約瑟夫！
你要去哪裡？

出去
透透氣！

啊，有了！
我來唸一首以前學校教過的詩。
看看我的記性怎麼樣。

是爸爸！

嗯……是一首雨果的詩：
「我的父親，笑容如是溫柔的英雄。
身邊僅跟隨一名萬中選一的輕騎兵，
因為他驍勇無畏，因為他高大壯碩。
那一晚，馳馬縱橫沙場……
戰火蔓延的那一晚……」

你們聽聽這個。艾拉·范海姆斯特拉寫了一篇文章刊登在4月26日的《黑衫報》上。

什麼報？

就是不列顛法西斯聯盟的官方宣傳刊物。

「呼應了法西斯主義號召的我們，跟隨光明，踏上邁向成功的艱辛道路……」

「追隨奧斯瓦爾德·莫斯利爵士[4]的我們都知道，我們已經在他身上找到了眼光超越這個世界之上的領導人物身影……」

「……給我們帶來更高層次的啟發，他引領的理想主義將讓大不列顛從此沐浴在性靈復興的燦爛新光明之中。」

法西斯主義的召喚

作者：艾拉·范海姆斯特拉女男爵

It is comparatively easy for those versed in politics to understand the ideas Fascism brings to the people of England: our loyalty to King and Empire, the Corporate State, and the revolt against alien domination of banking and trade.

It is quite another thing to point out to them that if we want our hands and feet to work freely and our brains to be delivered from the impressions of current falsehoods, and if we want to reorganise things we have to aim, first and fore...

所以，夫人是法西斯分子？

這是好，還是不好？

好像真是這樣。這是今天早上園丁拿來給我的。

他也是法西斯分子？

4 Oswald Mosley，1896～1980，英國政治人物，不列顛法西斯聯盟的創始人。

1935年林克貝克鎮

她出生才二十天，就停止了呼吸。

太可怕了！

我們都被群眾的激情蠱惑了。

真是太讓人吃驚了，民眾竟能如此盲目地相信希特勒。

盲目？不，要我，我不會這麼形容。

奧黛麗全身都變藍了，可憐的孩子，我不停地搖晃她，就像搖一棵蘋果樹，還用力打了她的屁股，她才又回到正常的膚色。

天可憐見。大概是染上了百日咳吧。就這樣，你沒去找醫生。你怎麼能這麼冷靜，艾拉！

我們不得不讚揚納粹黨人為了建立新德國所做的經濟建設，為人民贏回了一點尊嚴。

據說全國都要修建高速公路。

不僅僅如此而已！

我們還參觀了工廠和學校。超級有紀律！一整個年輕世代都在接受教育和訓練。

米特福德姊妹[5]跟我們終於見到希特勒了，看看這些照片。

5 Mitford，英國著名的貴族世家，特別在1930年代之後，因家中六姊妹而聲名大噪。

24

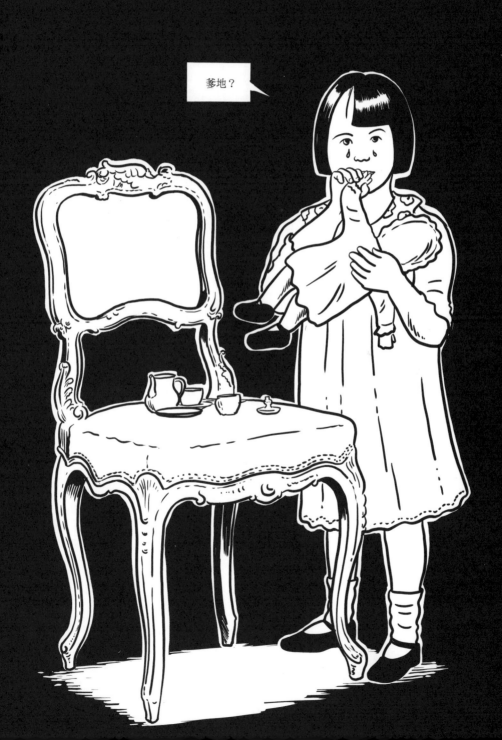

倫敦1935年9月

太讓人失望了！同一部電影好不容易集結了卡萊・葛倫和賈利・古柏兩大巨星，一個裝扮成奇怪的烏龜，另一個戴了個鷹勾鼻。

小兔子好可愛。

還有兩小時火車才開，我們先回店裡吧。

這是我們特地為您保留的，最後一頂，您好像有些猶豫。

這太時髦了，不過……

真的非常適合您。

您說得一點都沒錯。

聖誕節，我們會一起過吧？

那是當然，小寶貝。到時我會在伊爾漢姆[6]租間公寓。等我過去看你的時候，我們就能住在一起了。

可是……

不要再「可是」啦。你現在是個大女孩了。

6 Elham，英國肯特郡小鎮。

30

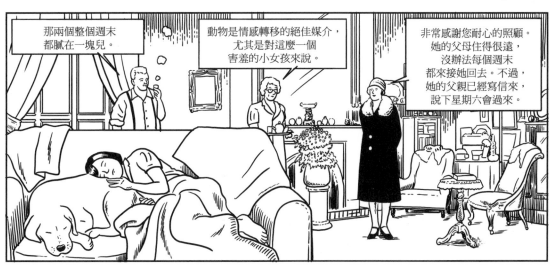

33

奧黛麗，
你看這片懸崖。
多壯觀。

我們去奧斯瓦爾德·莫斯利
的總部找一位朋友。
他跟我一樣，都是比利時雷
克斯黨[8]人民陣線的成員。

他將暴力行為合理化，
完全沒有錯。
我國的政客
都已經腐化。
大不列顛正面臨危急
存亡之秋，必須給
共產主義分子予以痛擊，
才能捍衛國家。

8 Front Populaire de Rex，比利時極右翼天主教
  政黨，活躍於1935～1945年間。

再來
兩杯
啤酒。

來了，「克拉
克·蓋博」。

那些對希特勒的頌
讚……真的是你
前妻寫的？

對，她跟米特福德一家
去了德國，參加在
紐倫堡舉辦的納粹
全國黨代表大會。

我跟你說，
莫斯利的演說，
少說也有三萬人在聽！

那為什麼
報紙上說
現場門可羅雀？

1939年9月1日

諾拉，我們有個問題。

嗯……

做……

或不做……

做[10]……

呃，小姐們，繼續。

10 學校女孩在排演《哈姆雷特》。

是的，先生，當然，我們會採取必要的措施來接待那些孩子。

自從消息宣布之後，電話線就一直滿載，很抱歉。

發生什麼事？

德國入侵波蘭了。

繼續上課，就當沒事。

校長說這幾天
會有從倫敦來的孩子，
來這裡睡覺。

為什麼？　因為首都會被轟炸。

可是我爸爸住在倫敦！

白蘭地？

謝謝，
我非常需要，

我快要
沉不住氣了。

給疏散過來的孩子們準備的床，
明天會到……一切大小事
都需要安排。

跟附近的農民商量得怎麼樣？
我們有辦法養活這一小群人嗎？

法國！

法國
怎樣？

剛剛
宣戰了！

40

奧黛麗！
你母親打電話來找你。

是，媽媽。
好的，媽媽。護照？
我不曉得……

你去請雷格登
夫人聽電話。

奧黛麗，快去整理行李。
然後搭火車到倫敦
跟你父親會合。

好的，
夫人。

你要離開
我們嗎？

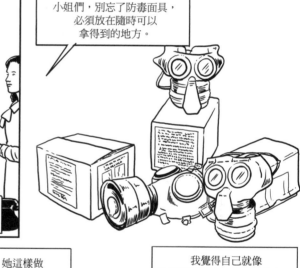

小姐們，別忘了防毒面具，
必須放在隨時可以
拿得到的地方。

她的母親
擔心德國報復。
她現在人在荷蘭，
所以希望奧黛麗
今晚就趕到她那邊。

她這樣做
並沒有錯。
荷蘭在上次大戰中
保持中立，
這次一定也會
維持中立。

我覺得自己就像
在鐵達尼號上，拚命地救人，
殊不知整條船都要沉了。
那些即將從倫敦
來此報到的五十名孩子，
我們要怎麼處理？

諾拉，
你沒聽出她話裡的弦外之音嗎？
萬一女男爵是對的呢？
萬一德國打過來呢？
我們該怎麼辦？
她幹麼非要叫她現在回去啊？

沒時間自怨自艾，
怨嘆命運了。
快去確認她的衣服上都繡了
學校的名稱和地址，這是規定。
萬一她在首都迷路了……
拜託來個人清洗一下
這條該死的走廊！

De optelling acht plus zes is gelijk aan veer-tien.[12]（荷蘭語）

12 8加6等於14。

奧黛麗，dertig gedeeld door tien is gelijk aan…[13]

13 30除以10等於……

奧黛麗？Droom Je？[14]

14 你在發呆嗎？

Drie.[15]

什麼？

15 3。

Drie？[16]

Het is goed.[17]

16 3？　17 答對了。

我完全聽不懂老師在講什麼，同學們都嘲笑我。

你得加油，孩子。再說了，學會我們祖先所說的語言也是很重要的一件事。

你母親害怕你的英國血統會惹得我們所謂的亞利安表親不高興。

你很想念外婆嗎？

很奇怪，倒是常常想起她幫我整理領帶的樣子，是的，我很想她。

47

謝謝您，范海姆斯特拉女男爵。我來給您介紹本團的首席，瑪歌·芳婷。

那些保護建築物的沙包，不能說都是從天上掉下來的吧？

別杞人憂天，這裡是中立國。

那你說為什麼這一路上都是荷槍實彈的軍人？我告訴你，肯定有鬼。

表演結束後，會有一場慶功晚宴，阿納姆地方的名人士紳都會出席。

您太客氣了，但是我們得直接回海牙。

局勢不太穩定。德國人已經開拔到了邊界。我們不能冒險，一旦被抓，我們是英國人……

請放心，這裡絕對不會有事的。我們是貨真價實的亞利安人，您明白我的意思吧……

我不太明白，不，很抱歉，我得去監督舞者排演了。

記住了，
想要成為好的舞者，
一定要自律要堅持。

是的，
芳婷夫人。

喔，媽媽，
我可以跳上一整晚！

這是我這一生中
最美好的夜晚。

好了，小寶貝，
安靜下來，
不然你怎麼睡得著。

總有一天，
我會成為
舞蹈巨星。

54

22 Zijpendaal House，一座荷蘭的十八世紀鄉村莊園，位於阿納姆市中心的公園內。
23 oranje，在荷蘭語是「橙色」的意思，而恰好也是尼德蘭獨立革命時傑出領導者奧蘭治親王的姓氏（Oranje），因此荷蘭人將橙色視為代表國家的顏色。

吉賽格先生（德語）！再給我們多拿一些香檳來。

慕尼黑最好的一家餐酒館，就是他父母親開的。

真的？我或許也去過。1935年我跟尤妮蒂．米特福德去過慕尼黑。

您認識她？

是，我跟米特福德一家是很親近的朋友。

Adritt für Juden VERBOTEN—

您不覺得他是個大豬頭嗎？

請讓我來？

謝謝，這麼快就開始冷了，看來這個冬天會很難熬。

我想您的小孩會喜歡這個。

喔，巧克力粉，還有餅乾。您真是太好了！

WEHRMACHTHEIM

謝謝媽媽！

孩子們，等哪一天你們對我有所不滿時，記得回想一下這些餅乾的滋味。

57

58

59

24 Chambre de la musique du Reich，納粹德國時期由宣傳部控制的機構，
　　從1933年到1945年，管理納粹統治下所有地區的音樂產業。

好，學校剛收到這批新的數學課本。

大衛，上來到黑板前面。

治療一名精神病患要花五馬克，一名受傷病患要花四馬克，算一算能省下多少錢，假如我們……

假如什麼……？

回去坐下，大衛。

先是燒了我們的教科書，然後是歪曲科學。

對不起，我親愛的學生，我辭職不幹了。

然後她甩門就走。

這樣做沒道理啊。誰管你數學問題用什麼樣的假設呀。

范海姆斯特拉女男爵，今天上映的片子換了。

數學就是數學。

我就當您已經知道了。

你一定會喜歡的，都是當今世上最優秀的舞者。

還在世的嗎？

是的，噓！電影要開始了。

猶太人蘇斯[25]

可⋯⋯這不是那部片子！

我跟您說了兩三遍了。從今天早上起，我們就不能再播放好萊塢的電影了。

真是荒謬，為什麼禁播琴吉·羅傑斯[26] 和佛雷·亞斯坦[27] 的片子？

25 《猶太人蘇斯》（Jud Süß），1940年上映的一部德國電影，是納粹德國政府宣傳部大力支持拍攝的反猶太電影。
26 Ginger Rogers，1911～1995，美國影星，1940年獲得奧斯卡金像獎最佳女主角獎。
27 Fred Astaire，1899～1987，美國影星、舞蹈家、編舞者，他與琴吉·羅傑斯搭檔演出了十部電影。

28 Katharine Hepburn，1907～2003，美國影壇常青樹，曾獲得四次奧斯卡最佳女主角獎。

64

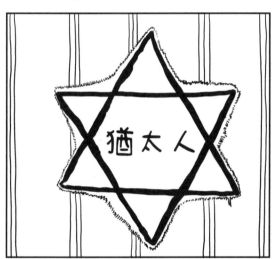

1942年5月阿納姆市，
詹斯賓農辛格鎮8a。

喀！喀！
喀！

艾拉！
艾拉！

蜜椰詩！
幹麼叫得
這麼大聲？

糟糕了。

我決定要賣掉這只戒指，
就在我們商討該賣多少錢的
時候，他們就來了，
然後命令他跟著他們走。

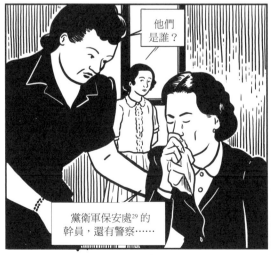

他們
是誰？

黨衛軍保安處[29] 的
幹員，還有警察……

他親了親我，然後說沒事的，
結果他被列入了
待處決死刑名單[30]。

待處決死刑名單？

名單上有460名荷蘭的知名人士，
是保安處挑選並認定對荷蘭反抗軍
有一定影響力的人。萬一國家出了亂子，
這些人就會被槍斃。

29 Sicherheitsdienst，帝國元首黨衛軍保安處。
30 Todeskandidaten，待處決死刑名單。

他怎麼說？

他不在，他的祕書給他留了話。

可是，已經三天了，他根本不回你的留言。

找人幫忙並沒有那麼簡單。這份名單是黨衛軍將軍克里斯蒂安森[31]決定的。下面的人不敢出聲。

31 Friedrich Christiansen，1879～1972，德國將軍，二戰期間擔任德國國防軍在荷蘭占領區的指揮官，為了震懾荷蘭反抗軍，他下令對荷蘭平民報復，在他的統治下，1944～1945年間荷蘭大鬧饑荒，戰後被捕。

國防軍

奧圖什麼都沒做啊！

他唯一的錯就是當過檢察官，還有太常公開批判德國人了。

大家都知道你跟黨衛軍的軍官有交情，你一定要救他出來。我求求你。荷蘭國家社會主義運動[32]的高層，你也有門路。

想找人幫忙沒那麼簡單。黨衛軍也在找亞歷山大，想要切斷他的傳遞網絡。

自從罷工之後，所有行政機關，甚至連地方公所都在納粹的嚴密監控之下。

32 NSB（Nationaal-Socialistische Beweging in Nederland）1930年代荷蘭非常活躍的法西斯主義政黨，隨後發展成為一個納粹主義政黨，在第二次世界大戰時期可說是荷蘭唯一的合法政黨。

我會再試試……不過，德國人絕對不會處決顯貴人士，他們不是傻子。

他不會有事的。

你呢？你仍然當他們是我們的亞利安表親……

1942年8月14日

吉賽格先生，
您好嗎？

范海姆斯特拉
女男爵，
真高興能
再見到您。

來杯香檳嗎？

卻之不恭。

吉賽格先生，老實說，
我想跟您討個人情，您知道，
奧圖·范林堡·斯特拉姆……

不（德文）！
您不會想拿您姊夫的
事來煩我吧。
我幫不了忙。
您直接到帝國總督辦
公室找阿圖爾·賽
斯—英夸特[34]。

可是，
他是清白的，
這份
最後通牒…

1939

1937

來啊，寶貝，
扭腰擺臀給我看看，
漂亮寶貝。

大豬頭。

34 Arthur Seyss-Inquart，1892〜1964，奧地利納粹黨代表人物，
二戰時期曾任波蘭、荷蘭等地的總督。

69

聖米希爾斯海斯特爾集中營

1942年秋，羅埃斯騰堡別墅，
彼得斯伯格斯維格—歐斯特比鎮44號

全部！
一毛不剩！
他們沒收了祖母的珠寶，
銀行帳號被凍結，
還有宅邸。

我們給他們住，
現在居然明目張
膽地趕我們走。

我們現在搬到鄉下住了，
可以養狗了嗎？

奧黛麗，我們連自己都
養不活了。不過，在這裡，
我們至少可以種些蔬菜。

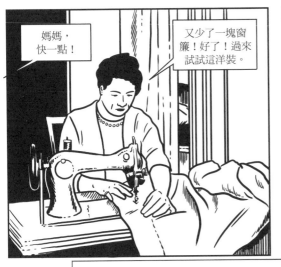

媽媽，
快一點！

又少了一塊窗
簾！好了！過來
試試這洋裝。

關上所有的
木頭百葉窗。

我好緊張！
來的人
多嗎？

很高興各位勇敢地踴躍出席
這次的祕密表演。
此次表演募集的款項將悉數用來資助
反抗軍，協助歐斯特比鎮的兩家村民
逃離出境。

跟之前一樣，
表演結束時請不要鼓掌，
以免引來巡邏隊的注意。

太棒了！

噓！

你看看你們，老天爺啊！
這是在做什麼呢？
你們的舞鞋都磨破了，
褲襪也滿是補釘。
你們一個個都缺乏蛋白質，
孩子們。

抬頭
挺胸......

......不行，
暫停。

奧黛麗，
這種情況下，
你還想上台表演嗎？

求求你，不要取消表演。
我向你保證，
以後早上多吃一塊麵包，
我可以的。

他們隨機抓走了我們
兩名小提琴手，還有
低音大提琴......

你們一定是弄錯了，
你們抓了我的兒子！

讓我上火車！
伊恩！伊恩！

媽媽!

他們強迫
伊恩入伍。

快點,
動作快!

大衛!

好好勸勸她,
不然他們會把她送進
韋斯特博克中轉營[35]。

而且是一張
單程車票。

范海姆斯特拉夫
人,天可憐見,
請您冷靜一下,
伊恩不在那裡面。

這班火車上載的
都是猶太人。
您的兒子應該已經在
德國某個工廠工作了。

在德國?

把我的寶寶
還給我!

猶太佬,
去死吧!

天啊!別看!

35 Westerbork,是二戰時期荷蘭政府在北部的韋
斯特博克鎮建立的中轉營,1942年啟用,用於
臨時關押將遭送集中營的猶太人,並不算是
集中營,營內設施相當人道。

36 Ligne Siegfried，二戰時期德軍在西部邊境，為對抗法國馬其諾防線
所構築的防線。

1944年9月17日

媽媽……

亞歷山大？
真的是你？

噓！

別為伊恩擔心，
他們抓走了每個家裡
最強壯的一個。

你真的認為
他還活著？

當然。他們需要像他這樣的勞動人力。
噩夢很快就要結束了。
盟軍已經登陸諾曼第，準備在這裡展開大反攻。
他們想繞過齊格菲防線[36]，我們正全力協助他們。

親愛的兒子，
待在閣樓裡，
一定很冷吧，
又潮濕。

不要想太多了。
那裡是最佳的
藏匿點。

他們來解救我們了！
亞歷山大說得對。

是英國
飛機。

他們來了，
我們得救了。

砰！

砰！

看起來像是
成千上萬隻的蚱蜢。

砰！

砰

砰

找掩護，
快！

1944年歲末年節過了，戰火卻未能如聯軍所預想的停歇。
戰鬥開始的九天後，未戰死的盟軍兵士退回營地重整旗鼓，
只留下一萬七千多位戰死沙場的弟兄屍體於此，慘烈潰敗。

十多萬平民百姓
流離失所，
漫無目的地在街上走著。

戰勝的德軍未經審判便恣意槍斃了
所有疑似協助藏匿盟軍的荷蘭人。

碎！

碎！

碎！

為了報復，
納粹禁止了荷蘭境內
所有糧食的運輸，
導致嚴重饑荒。
史稱「饑餓寒冬」，
肺結核的大流行更是
雪上加霜。

盟軍領導人
眼光太過好高騖遠：
他們……

妄想多往一座橋上推進。

你,上卡車!

我們這是要去哪裡?

他們需要勞動人力,所以四處隨機抓婦女到他們的食堂工作。

說不定還會被侵犯。

他們背朝著我們。

正好趁機逃跑,來。

餐館

小奧黛！

老天爺啊，
感謝您！

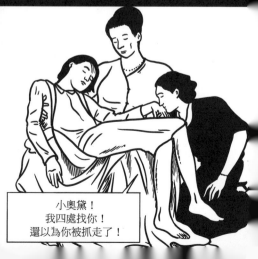

小奧黛！
我四處找你！
還以為你被抓走了！

之後一個多月的時間裡，
奧黛麗不敢出門。

害怕得
蜷縮在一角。

不要!

希特勒
萬歲

不要!

外頭的雨滲透牆壁。奧黛麗不敢咳出聲，
深怕踏水前進的軍靴突然停下。

聯合國善後救濟總署物資中心

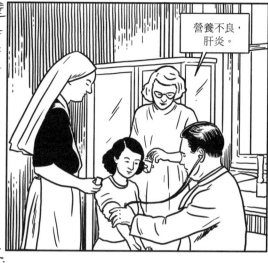
營養不良，肝炎。

這女孩貧血，呼吸道感染，膝蓋還有嚴重的水腫。

把這件洋裝也拿去，還有這件大衣。

可是……這是新的！

再來一些麵粉、煉乳、燕麥。

你……你哭啦？

春

有兩位導演希望我在他們的短片《荷蘭七課》裡飾演荷蘭航空的空服員。我已經試過鏡了，如果他們要我的話，我就能有五十幾鎊的收入。

扣除家用、看病、吃飯的錢，我只能攢下這麼一點數目，大概只夠買渡輪船票而已，倫敦可是生活昂貴的大城市。

也許亞歷山大和伊恩能從東印度群島寄一點錢給我們？

不行，他們幫得夠多了。我們得自己想辦法。

是真的嗎？我的醜小鴨！你雖然不是頂漂亮的那一型，但你身材高佻，可以拍廣告。戰爭結束後，瘦長的紙片人當道。

手放進口袋裡，看得出來你好像不太自在。

的確，有些不自在。

開拍！

拍攝得
怎麼樣？

我老是唸不清台詞，
一場戲拍了又重來，
我真的快羞死了，
不過感覺有些飄飄然。

所以，
你想當
演員？

喔，沒有啦，
才不要呢。我要
成為芭蕾舞名伶，
跟瑪歌‧芳婷一樣。

這麼說，確定了？
你就要出發去倫敦了？

是啊，我已經收到大使館寄
來的信，證明我的父親是英
國籍，所以我也有英國籍。

你不需要帽子。
只要拿絲巾這樣
綁著就行了。

謝謝你，奧黛麗。
你優雅的氣質
無人能比！

安妮克，
你才漂亮，
我太高又太瘦，
鼻子又大……

胡說八道。來，拿去，
這是海倫娜‧沃特
幫你沖洗的試鏡照片。
拍得棒極了！

這是
什麼書？

是個猶太小女孩寫的日記，
她躲在一間辦公室後頭的夾層隔間裡，
長達數年之久。後來全家人都被移送到
集中營，只有她父親存活下來。

你想看的話，
我可以借你。

媽媽，書裡有
提到奧圖姨丈
被槍斃的事。

〈今天，
有五名人質被槍斃〉

太殘忍了！

96

瑪莉·蘭柏特府，
倫敦市坎佩登丘花園19號

我們已經叫你叫了
十分鐘啦，
你沒聽見嗎？
就快七點了。

很抱歉，
蘭柏特夫人！
我完全沒聽見。

坐下來，
至少喝杯咖啡！

我沒有時間，
我想在上課前多練習一下，
好趕上大家。

我很少看見
一個女孩這麼會吃，
這麼埋頭苦幹。

可惜，她跟不上其他女孩，
她的身體到處都看得到因為戰時
糧食缺乏而留下的後遺症，而且想要成為
芭雷舞名伶，她的年紀也太大了。

你不願親口告訴她，
是在等她自己體悟吧。

是的。

98

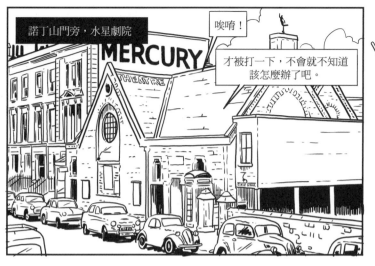

諾丁山門旁，水星劇院

MERCURY THEATRE

唉唷！

才被打一下，不會就不知道
該怎麼辦了吧。

看著哪裡
不太對勁……

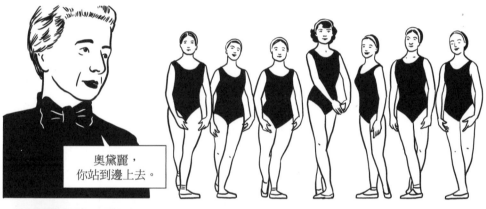

奧黛麗，
你站到邊上去。

晚上十點了！
她會在哪兒？

噹
噹
噹

噓。
我在看我的
電視節目。

奧黛麗，飯都冷了。
你不能繼續這麼下去了，你繃得太緊啦。

對不起，
蘭柏特夫人。
我到市區的另一邊
參加兩個試鏡。

我知道你想盡了辦法
想多賺一點錢，
可是你看看你，腳都流血了。
壓力是致癌的因子啊！

3 Alma Cogan，1933～1966，五〇和六〇年代的英國知名流行女歌手，曾是英國收入最高的女藝人。
4 Kay Kendall，1927～1959，英國女演員。

嘿，專心一點，你們看這個女孩。

我們一直在看啊，已經看了850個了……

噗，跳得硬邦邦的。

看就知道她受過古典舞蹈的訓練。只要排練個幾次，僵硬的動作就能夠改正過來。我想說的是她站在舞台上的樣子。

他說得沒錯，看，那笑容。

不是臉上的笑容，而是散發出的活力。

好，你們要有耐力，不怕流汗辛苦。首演之後，每天晚上固定有兩場演出。你們肯定會精疲力盡，所以不要想著出去玩，或交男朋友什麼的。一概不准。要像修女一樣清心寡慾地過日子。

他們全都走了？

什麼？

喔，這是我的台詞！

1948年12月22日，
《高跟鈕扣鞋》首演。

他們
全都走了？

什麼？

他們
全都走了？

誰？

他們
全都走了？

我們已經被她這句台詞
煩了整整三個禮拜。

他們
全都走了？

103

1949年2月，艾拉終於能到倫敦看她的女兒了。

公寓很小，但我可以感覺得到命運之神開始眷顧我們了。

蘭柏特夫人，您不知道我有多感激您，這麼長久以來讓奧黛麗住在您這裡。她把您當成她的精神導師。

這是我的榮幸。很高興看到你們母女倆再次團聚。

媽媽，讓我來給你介紹，這是尼可拉斯·丹納，他幫了我好多忙……

年輕人，你是主角，對吧？

是的，杜克斯先生，我很幸運地看過您在西區推出的幾部戲。

咦，這不是親愛的塞希爾·藍德羅嗎？

瑪莉……艾希莉……很高興再見到你們。

這位年輕的姑娘是奧黛麗·赫本。

小姐，我很希望你能參演我的下一部作品：《韃靼醬》。

可是，《高跟鈕扣鞋》怎麼辦？

你可以在該劇到外省巡演時，離開劇組。

5 Barkleys of Broadway，1949年推出的美國音樂喜劇。

歐德、艾妮德，
我們上頂樓
曬太陽怎麼樣？

你跟那個帥哥馬塞
爾進得如何啊？

跟我們說嘛！

他每天噓寒問暖，
十足的白馬王子！

哎，我說啊，
這個女孩在自找麻煩！

你媽會有什麼表情，
我想都不敢想。

艾拉她知道，
但是她沒有
立場說我……

她跟一個荷蘭商人
正打得火熱呢。

保羅．瑞肯斯[6]
有一間公寓。

他人好得不得了，
典型的慈父……

6 Paul Rijkens，1888～1965，荷蘭商人，是跨國食品集團聯合利華的創始主席。

您好，赫本小姐，我是個攝影師，我想替您拍照。

啊，不用了，謝謝您的好意。可是我沒有錢支付給您，而且……

你瘋了，他可是安東尼‧比撤姆[7]。

我的傲人美胸在舞台上無人能比，可是居然每個人的眼睛都盯著那個跟洗衣板一樣平的女孩。

你在笑什麼？

我回想起跟你初次見面的情景。我以為你是那種老在我們身邊打轉，伺機揩油的禿鷹攝影師。

有位老獅王般的岳父，我才沒膽做壞事。再說了，現在一定有人在監視我們。

反正，我們又沒做壞事，對吧？

你能跟邱吉爾先生一起吃晚餐一定感到非常興奮。

是啊，他是伊比鳩魯派信徒。這麼說吧，一提到史達林，他笑得比葛麗泰‧嘉寶[8]還誇張。

7 Anthony Beauchamp，1918～1957，英國攝影師，也是英國首相邱吉爾的女兒，莎拉‧邱吉爾的第二任丈夫。
8 Greta Garbo，1905～1990，瑞典籍好萊塢女演員，1954年獲得奧斯卡終身成就獎。

1951年3月，奧黛麗與費利克斯·艾爾默[10]重相逢，
他是奧黛麗的發音練習老師，
師生情誼維繫了很長一段時間。

恭喜你，
拿到了一紙七年的合約。
現在總算經濟自由了。

你覺得我
做得對嗎？
我不想被綁死，
我不是演員。

我演出了幾部電
影，話是沒錯，
但是如果把我
說過的那一丁點
台詞拿出來
放在一起，
可能還算不上一段
完整的對白呢。

你得了解電影產業想要的
就是你！
你與馬塞爾·勒朋新近
合作的低俗歌舞劇沒有成功，
對你來說，
可算是再好不過的事了。

我在
《天堂笑語》[11] 裡，
飾演販售香菸的
女郎……

結果讓我一舉登
上《電影評論》[12]
的封面。

在《野燕麥》[13]
飾演飯店接待員……

在《少婦軼事》[14]
裡飾演迷戀一名
已婚男性的女租屋客。

《雷文坡的土匪》[15] 裡演出一個小角色，
跟亞歷·堅尼斯[16] 有對手戲！他人真的很好，
因為我沒有時間接演他指定我演的角色，他還運用影響力
為我拿下了另一個角色，更把我推薦給茂文·李洛埃[17]。

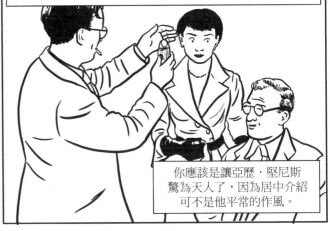

你應該是讓亞歷·堅尼斯
驚為天人了，因為居中介紹
可不是他平常的作風。

10 Felix Aylmer，1889～1979，英國演員。
11 《天堂笑語》Laughter in Paradise，1951年出品的英國電影。
12 英倫聯合影業旗下刊物（Associated British Film）。
13 One Wild Oat，1951年的英國喜劇電影。
14 Young Wives' Tale，1951年的英國喜劇電影。

15 Lavender Hill Mob，1951年出品的英國喜劇電影。
16 Alec Guinness，1914～2000，英國演員，因《桂河大橋》一片獲得奧斯卡最佳男主角獎，
　也是《星際大戰》系列第一代歐比王·肯諾比的飾演者。
17 Mervyn LeRoy，1900～1987，美國電影導演與製片。

這次，有人找我
演出一個比較吃重的
角色，片名叫做
《雙姝艷》[18]。

18 The Secret People，1952年
出品的英國劇情片。

嗯……索羅爾德‧狄金森[19]，
很有意思的一位導演，
在海外相當搶手。

19 Thorold Dickinson，1903～1984，
英國電影導演、製片、編劇，也是
英國首位電影學教授。

我的角色名叫諾拉，
是一名舞者，父親過世後，
跟姊姊流亡到倫敦。

我覺得我可以勝任
這個角色。不久以前，
我過的就是這樣的生活。

好，
我們來過過台詞，
一定要持續訓練專注
力，找出有效率
而且專業的好方法。

然後，孩子，
忘掉我教的一切，
盡可能地
自然本色演出。

20 Valentina Cortese，1923～2019，義大利女演員，在電影《雙妹艷》飾演奧黛麗的姊姊。
21 Mayfair，倫敦的一區，鄰近海德公園。

奧黛麗，
今晚你跟我一起去慶祝電影殺青！
把自己打扮得像女王，
我們找個高級的地方狂歡一夜。

那我們呢，
瓦倫蒂娜[20]？

梅爾費[21]旁的大使俱樂部

不行，索羅爾德。
今晚只限女生！

親愛的，你在《雙妹艷》
的表現……呼……

我坐在角落裡，
納粹占領期間的種種浮現腦海。
我沒有趕走這些畫面，
就讓它們攻陷我，
走進我的內心。

這雙眼睛是
從哪兒來的？

是整批
貨裡的
一部分
……

我願意買上滿滿一箱，
交換每天看到的
那些死魚眼，

如果人人都有
像你這樣的一雙眼睛
該有多好！

視覺將會變得
多重要啊！

那個跟我
女兒講話的
高個子
是誰？

詹姆士·漢森，
身高一米八六、二十八歲，
家族在運輸產業發了大財。
是個紳士，熱愛帆船、馬術，
高爾夫打得一級棒，
狩獵百發百中……

本國的大富豪，
而且不是搞演藝事業的……
有意思，非常有意思。

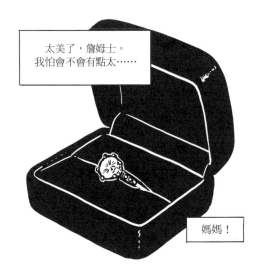

太美了，詹姆士。我怕會不會有點太……

媽媽！

怎麼了？剛剛是在跟誰講電話？

有人找我了！我們要去蒙地卡羅一個月。

喔，詹姆士，是不是很棒！我跟母親會住在巴黎飯店，拍戲的空檔還可以到海灘做日光浴。

我有點不太明白。你在說什麼？

我得到了一部喜劇片《蒙地卡羅寶貝》裡的一個角色。他們要找一名雙語女演員。

喔，媽媽，戲裡有一套衣服是高級時裝品牌克里斯汀·迪奧的設計，他們說我可以留下它。

幾天後——

媽，計程車來了！

我向他保證一拍完這部電影，我就嫁給他。

我覺得詹姆士會是個好歸宿，可是你也別太性急。你的演藝生涯才剛剛開始，別浪費了你的才華。

114

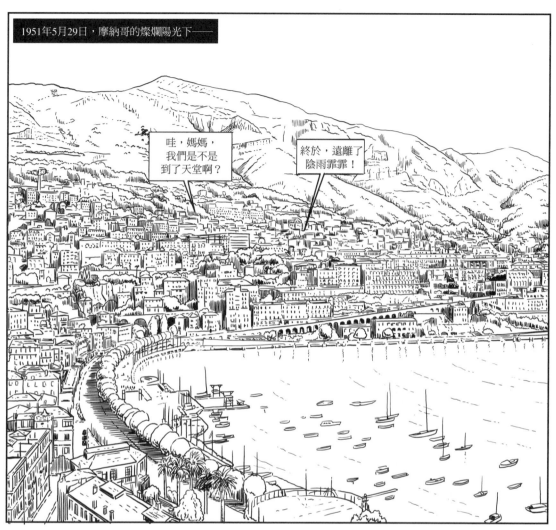

1951年5月29日，摩納哥的燦爛陽光下——

哇，媽媽，我們是不是到了天堂啊？

終於，遠離了陰雨霏霏！

巴黎飯店

這鬧哄哄的是在幹麼？

昆恩先生，他們在拍電影，叫《蒙地卡羅寶貝》。

那個女孩是？

22 Colette，1873～1954，法國女作家，最知名的作品就是改編成舞台劇《金粉世界》的小說《琪琪》（Gigi）。

116

我沒有足夠的演技來詮釋主角。我是舞蹈演員。

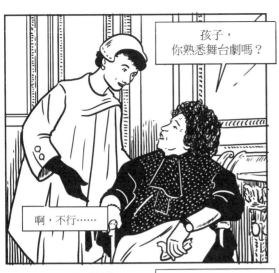

孩子，你熟悉舞台劇嗎？

啊，不行⋯⋯

你確實是舞蹈演員。所以你得非常努力地學習。來吧，年輕姑娘，你拍戲的空檔，請到我的套房來，我們馬上就開始工作。我不接受任何的推託之辭。

「可是奶奶，我有一條長褲跟襯裙。」

「長褲是一回事，儀態又是另一回事了。一切取決於態度。」

是這樣的，她的奶奶瑪蜜塔跟她的姑姑艾莉西雅都曾是豪擲千金的高級應召女郎。他們想要指導她，讓她也成為高級應召女郎

安妮塔・露絲[23] 想把它改編成百老匯舞台劇。她是她那個世代裡最出色的編劇之一。

舞台劇《紳士愛美人》裡頭那個看似無腦的傻女孩角色，蘿萊莉・李就是她塑造出來的。

雷尼爾親王[24] 待我如上賓。特別為我保留了這間一樓的套房，讓我可直接出入庭院。我因為罹患關節炎，半身不遂，無法行走，所以只能把美景搬到我面前來嘍。

她一派渾然天成的天真模樣，真叫人想好好地揉捏塑造一番。

甚至帶壞她。

23 Anita Loos，1888～1981，美國女演員、作家、編劇。
24 Prince Rainier，1923～2005，摩納哥親王，娶奧斯卡影后葛麗絲・凱莉為妻。

26 Truman Capote，1924～1984，美國作家，知名作品有《第凡內早餐》與《冷血》。

您喜歡我收藏的琉璃？
這是水晶玻璃工藝的
極致呈現。

我送了一個給那個年輕人，
一個美國版的普魯斯特，
他叫什麼來著？

一個讓人目不轉睛，
渾身散發壞壞輕浮調調的作家，如果照我說，
親愛的，你若要去美國的話，一定要記住
他的名字。莫里斯，幫幫忙，他叫什麼來著？

楚門·柯
波帝[26]。

夫人，我覺得我能力不足，
無法勝任這個重要角色。
我缺乏經驗，
而且我的未婚夫不希望我……

行了，行了！不要因為一個男人鬼迷了心竅。
我對你有信心，再說現在推辭也太遲了。
我已經發了一封電報給安妮塔·露絲。
你將完美地表演我的琪琪，從一個應召女郎學徒，
變成一個墜入愛河的年輕女子。

奧黛麗和母親
發生了嚴重的爭執……

媽媽，
我和詹姆士說好的！
那超出我的能力！
我從來沒有演過舞台劇，
我的聲音不夠大！

不要推掉這麼
大好的機會。
如果詹姆士
真的愛你，
他會了解的。

這是我的人生，
媽媽，我說了算！

誰說了算，破曉時分見真章。

等這部電影
拍完之後，安妮塔·
露絲會跟舞台劇的
製作人到倫敦
來跟我見面。

這真是個天大的好
消息啊，我的女兒！

試了兩場《羅馬假期》的戲之後，
他們要求進行一場小小的訪談，
「聊聊阿納姆在大戰時候的情況⋯⋯」

嗯，
因為我們不知道戰爭會打多久，
我繼續上芭蕾舞課。

1944年時，我已經有了一定的舞蹈基礎，
可以參與一些祕密演出，
那是一種為反抗軍籌措資金的方式。

德國人
有什麼反應？

他們完全
不知情。

之後，索羅爾德
跟我說訪談結束，
我可以走了。

不過，我感覺得出來這是個陷阱！
攝影機仍然在拍，他沒有喊「卡」！

他設陷阱？

對，他肯定是想看看我原本自然的樣子。
所以，我將計就計，反而是我耍了他們。

他們說這是個現代灰姑娘的故事，
一位公主出逃，流落在羅馬街頭。
想想看，我們會到義大利拍攝吔！

我看過他拍的片子。
片名叫什麼來著？啊，對了，《黃金時代》28。
片子才開演沒多久，我就哭了。

奧黛麗，我都搞不懂你了，
你先專心弄好你那部
百老匯舞台劇吧。
你有點興奮過頭了。

噓！

對不起！

28 Les plus belles années de notre vie，1946年的美國電影。

夏

1 Gilbert Miller，1884～1969，美國百老匯戲劇製作人。
2 Gene Moore，1910～1998，美國著名的櫥窗設計師、攝影師。
3 Richard Avedon，1923～2004，《時尚》雜誌的傳奇攝影師。

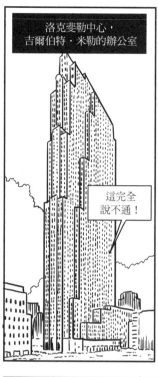

洛克斐勒中心，
吉爾伯特・米勒的辦公室

這完全
說不通！

在倫敦，那時跟我道再見的
明明是位纖細的年輕姑娘，
這裡卻來了個小酒桶腰！
你知不知道為了把你從你跟
英國製片廠簽的那份蠢合約裡弄出來，
我的律師承受了多少壓力？
結果我居然看走了眼。

我很抱歉，米勒先生。
我向您保證我一定會盡快
減掉多餘的體重。

1951年10月7日，
《金粉世界》開始
在富爾頓劇院彩排。

不行，不行，不行！
雷蒙，你跟我到後排觀眾席，
看能不能聽得見。

親愛的，請你說話時音量放大
一些，不然聽不見你在說什麼。

好的，凱瑟琳。

雷蒙，
她找不到節奏。

我知道，吉爾伯特。
她什麼都不會。
看來是無可救藥了。

128

喔，大衛[4]、荷蒂絲[5]，我覺得自己快要崩潰了。

你不能回倫敦……

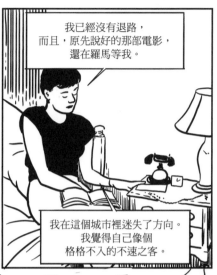

我已經沒有退路，而且，原先說好的那部電影，還在羅馬等我。

我在這個城市裡迷失了方向。我覺得自己像個格格不入的不速之客。

奧黛麗，這種感覺叫做恐慌。舞台劇的世界是很殘酷的。你的製作人承受了很大的壓力。你以為經營葛蘿莉雅‧斯旺森[6]的形象，對我來說很容易嗎？每個人都生活在壓力之中。

大衛‧尼文的人生跟微不足道的奧黛麗‧赫本的人生怎麼會一樣？

去換件洋裝，一起去艾爾摩洛哥[7]。詹姆士會在那裡跟我們碰頭，一起喝個不醉不歸！

你想打進那個世界嗎？看看那些專欄女作家，個個瞪大眼睛，一看到某人踏錯一步，就立刻大肆煽動八卦。那個赫達‧霍珀[8]就是條吃人的毒蛇，只想著用她的專欄摧毀別人的人生……

你不了解我，詹姆士。我才不在乎這些人。我只想站上舞台演戲。有時候，我覺得身體裡好像有一把火熊熊地燃燒。

只是，我好怕那把火已經沉入海裡熄滅了。

4 David Niven，1910～1983，英國作家、演員。
5 Hjördis Genberg，1919～1997，瑞典女演員、模特兒，大衛‧尼文的妻子。
6 Gloria Swanson，1899～1983，默片時代最著名的美國女演員。

7 El Morocco，三〇～五〇年代紐約曼哈頓著名的夜總會。
8 Hedda Hopper，1885～1966，美國八卦專欄作家暨女演員。

此刻的你，猶豫不決

這樣不行，奧黛麗。你不夠專注？

雷蒙，怎麼了？

奧黛麗，過來一下……

「我想要，不，我要求得有十八件高級襯衫和六條高級絲巾。」

「吃葡萄不吐葡萄皮。」[9]

「和尚端湯上塔⋯⋯」[10]

好，好一些了。暫停休息一下，去吃塊餅乾，不然你就要昏倒了。

好的，凱瑟琳。

我說，你多少天沒有好好吃飯啦？

從我抵達紐約開始就沒怎麼吃。我已經減掉五公斤了。

9 Un grand dragon dégrade un dragon gradé，語音練習，類似繞口令。原文意思是：大飛龍把高位階的飛龍降級。
10 Trois très gros, gras, grands rats gris grattent⋯ 原文意為：三隻又胖又油的大灰老鼠伸出爪子搔抓⋯⋯。

你應該就是赫本小姐了？我叫凱蒂・米勒[11]，是你頭號仇敵的妻子。
很榮幸，夫人。
我的先生是個粗人。但是他很擔心你的身體狀況。聽說你已經好幾天沒吃東西了。
因為我想減掉多餘的體重，他……
首演前空腹會直接帶你進墳墓的。讓我給你一些飲食建議：每頓一分熟牛排配沙拉。
我得學會控制自己的緊張情緒。還有，我真的很怕您的先生。
忘了他，把他交給我吧。讓你的角色走進內心。讓琪琪跟著你寸步不離。讓她成為你的閨密，你的靈魂姊妹。
我順道載你一程？
不用了，謝謝您，我想走一走。
咦，哇！
富爾頓劇院
奧黛麗・赫本
主演
《金粉世界》
熱門大戲

11 Kitty Miller，1896～1979，製作人米勒的第三任妻子。

1951年11月24日，百老匯

富爾頓劇院

奧黛麗·赫本主演
《金粉世界》熱門大戲

哈啾！

烏拉，我感冒
還沒好……

等我弄好你的頭髮，
就去給你泡一杯
洋甘菊茶……

詹姆士跟你的
母親都來了嗎？

是的，就坐在正中央。
完了，除了感冒，
我竟又開始緊張起來了。
我覺得我就要吐了。

沒事的，小寶貝。
從彩排開始，
我一路看著你。
你真的進步很多。
你就是琪琪。

可是，就像前幾天，
姑姑，十五歲又六個月。
姑姑，呃……姑姑……

你覺得怎麼樣，
這位賈斯東叔叔？

我好慚愧。
竟漏掉了
一整段對白。

是的，你很有運動家精
神，不過觀眾完全沒有
注意到。你自己看！

太精彩了！

拍手！

拍手！
拍手！

拍手！
拍手！

拍手！

真棒！

12 Cathleen Nesbitt，1888～1982，英國女演員。
13 Walter Kerr，1913～1996，美國作家，百老匯戲劇評論家。

o run along.

N:

ALVAREZ   better to know
                                                            did today?

TON   Gigi, does it ma   ny
             I'm sorry for   smil   an't be mad. at

                         (With
IGI: t's all r
                        ever.

                        (in g   and then, as if
GASTO   ood!   ay from Gigi ad
                        (he   oks like our own
                  to
                        Mm   once again, why
                 ta!
                 —nose
                 go w

                                              for   ace.
          ?   Go
          to the   Mme.Alvarez)

                On, Grandma   Aunt, Mamita!
                        (Mme.Alvare   tes)
                 Please!   Please

                 She needn't ment   me your A

                        1.   I   t fin

                 I promis

                 z.   All rig   de

                        Oh goo

MME.ALVAREZ: Don't forget y

GIGI'S voice   I won't.

135

14 Edith Head，1897～1981，美國服裝設計師，公認是美國影史上
　　最具影響力的服裝師，共獲得八座奧斯卡最佳服裝設計獎。
15 L'Enfant Prodigue，1907年出品的法國默片。

經過了217場的演出，《金粉世界》終於在1952年5月31日最後一次閃耀百老匯的舞台。

喀嚓

喀嚓

喀嚓

喀嚓

這樣嗎，葛林先生？

奧黛麗，你在《金粉世界》的傑出表現，得到了戲劇世界獎最佳新人獎的肯定！

我要趁這個機會謝謝你，奧黛麗。派拉蒙公司剛剛給了我五萬美金，讓我放你走，好盡快展開在羅馬的拍攝。也就是說，他們很看重你。就祝他們的律師好運嘍，輪到他們跟你的英國製片廠協商啦。

我已經等了五個月，這次你不能再拒絕了。

喔，詹姆士！你在說什麼啊？他們提出了一萬兩千五百美金的酬勞。你難道不為我感到高興？

天啊！你大概是全世界唯一一個，一而再再而三推拒一名千萬富翁求婚的女人了。

奧黛麗頂著豔陽來到羅馬拍攝《羅馬假期》，拍攝時間預定從1952年6月23日至同年的9月底。

16 Gregory Peck，1916～2003，美國電影演員，共獲五次奧斯卡提名。1962年以《梅岡城故事》獲最佳男主角獎。

赫本小姐，您為什麼遲遲不與詹姆士‧漢森先生成婚呢？

難道您喜歡葛雷哥萊‧畢克[16]？

您認識葛雷哥萊‧畢克嗎？

您在談戀愛嗎？

您最喜歡哪個城市？

您為什麼不乾脆在羅馬完婚？

埃克塞爾西奧飯店

謝謝！再見！

很榮幸認識您，畢克先生。

安娜公主，請叫我葛雷哥。

到目前無止，威廉對你都還好吧？

非常好，簡直像是活在童話世界裡。

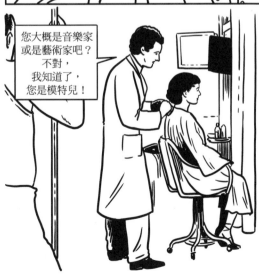

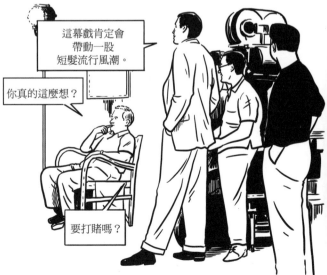

朋剛潘尼路

短髮非常適合你。

你真的這麼想？看起來不會太孩子氣嗎？

「威廉・惠勒的電影拍攝現場，擦出愛的火花。兩位主角論及婚嫁」。

喔，詹姆士，你知道這不是事實！

去跟看這報紙的義大利人民說清楚啊。

葛雷哥萊！我愛你！我的母親已經答應讓我們結婚了。

這些都是行銷手法。我敢說這背後肯定有派拉蒙公司的影子。為了讓大家時時緊盯拍攝現況，他們什麼都做得出來。只不過會讓我的婚姻關係變得更緊張一點罷了。

可是，這牽涉到我的私生活啊。

私生活？奧黛麗，你在說什麼啊？

好萊塢女演員沒有私生活。更別提曾經獲得奧斯卡加持的女星了。

我又沒有……

你會有屬於你的小金人的，我敢打包票。而且我已經要求片商將我倆的名字並排出現在片頭字幕上。

這怎麼可以！你才是大明星。

那是不可能的，親愛的奧黛麗……

可是，我很確定在肯特郡念寄宿學校的時候，曾見過一位密尼維太太[19]。

我們得等等了。法西斯分子跟共產主義信徒在附近街上大打出手。

不得不說這個麥卡錫[20]一路追著我們追到羅馬來了。

這是什麼意思？

你眼前這位是「第一修正案委員會」的創始人之一。

這項修正案確立了美國憲法對新聞自由與言論自由的保障。並曾在法庭上被十名被告引用，拒絕回答「你是共產黨員嗎？」這個問題。

奧黛麗，《羅馬假期》的編劇叫什麼名字？

威利，你覺得我們的公主殿下能保守祕密嗎？

伊恩·麥克萊倫·杭特[21]怎麼問這個？

你知道，奧黛麗，這股社會集體恐慌箝制了許多有智之士在美國的發展，其中包括了一位才華洋溢的編劇，道爾頓·莊柏[22]，一個大好人，卻是好萊塢黑名單上的一員。

這部電影只是借用了伊恩·麥克萊倫·杭特的名字。

19 Mrs. Miniver，1942年威廉·惠勒執導的電影，中文片名譯為《忠勇之家》，在當年度獲得金像獎時十二項提名，六項得獎。講述一個英國中產階級家庭在二戰前後的故事。

20 Joseph McCarthy，1908～1957，美國共和黨政治人物，五〇年代，冷戰緊張局勢引發大眾對共產主義的擔憂，麥卡錫聲稱共產黨的同路人，蘇聯間諜已經滲透聯邦政府、大學和影視業，於是各行業出現了所謂的親共黑名單。

21 Ian Mclellan Hunter，1915～1991，英國編劇。

22 Dalton Trumbo，1905～1976，美國著名編劇、導演、小說家，知名作品有《羅馬假期》《出埃及記》《萬夫莫敵》等。

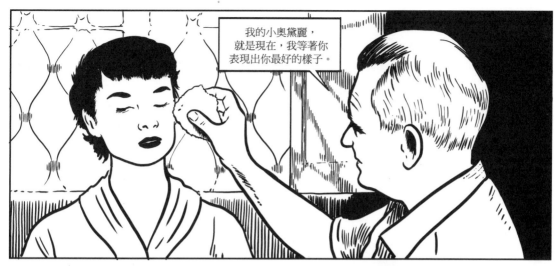

我的小奧黛麗，
就是現在，我等著你
表現出你最好的樣子。

卡！

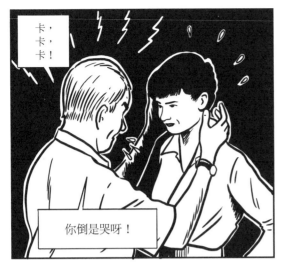

卡，
卡，卡！

你倒是哭呀！

我……我很努力了，
可是，
我不是專業演員……
沒辦法說哭就哭。

來，開拍！

難不成
要耗上一整晚?!

卡！

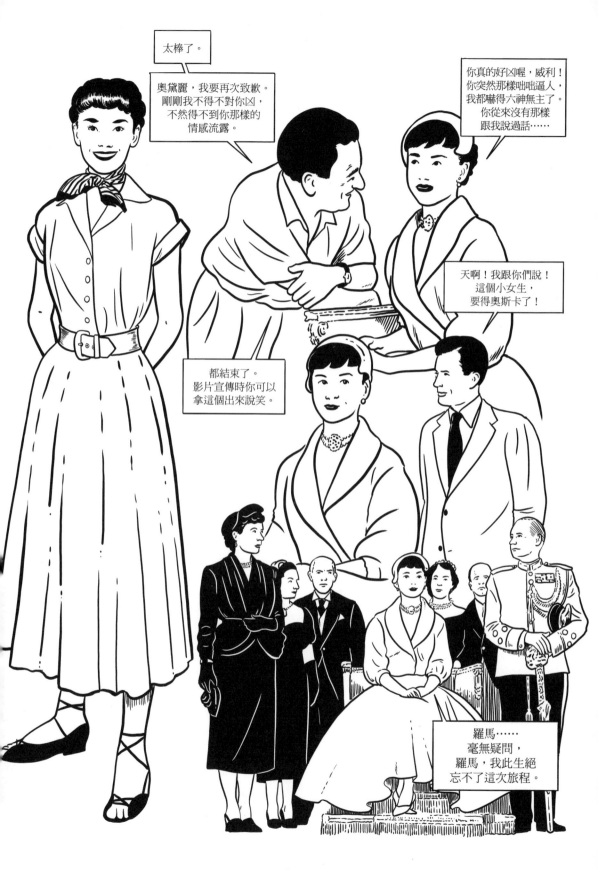

1952年10月13日，《金粉世界》展開全美巡演。

舊金山

洛杉磯

芝加哥

底特律

克里夫蘭

匹茲堡

華盛頓

波士頓

紐約

先是惠勒，現在又不知從哪裡蹦出一個比利‧懷德難不成你要跟所有名字以注音「ㄏ」開頭的人合作過一輪之後才點頭跟我結婚嗎？還有那個派拉蒙公司，想買下《金粉世界》的版權……這簡直是個無底洞！

詹姆士，我沒有辦法取悅每一個人。你很清楚我有多累。計畫一個接著一個來，我夜以繼日地連續工作，已經好幾年了。然後，你現在要跟我討論倫敦的公寓要擺什麼家具。

這裡有派拉蒙，英國有英倫聯合，再加上我媽、全美巡演、馬上要展開的《羅馬假期》宣傳活動，以及跟比利‧懷德合作的這部新片，還有你。

你把我放在這一長串清單的最後面。

那我呢？有沒有人關心我想要什麼！

我真的好累……

我需要獨處。我想明天就公布我們取消婚約的消息吧。

你無法在這個新巴比倫城存活下去的。好萊塢會將你生吞活剝。

23 Chevaliers de la table ronde，1953年出品的英國電影，奧黛麗・赫本的第一任丈夫，梅爾・法利爾在片中飾演亞瑟王。

愛爾蘭鄉間，《圓桌武士》的拍攝現場。23

開拍！

為了英格蘭！

卡！

24 Mel Ferrer：1917～2008，
美國演員、編劇、導演。

這是梅爾・法利爾24在愛
爾蘭的最後一場戲了。

好好休息！
我們松林片場見。

你的國王
亞瑟，在此
向你告辭！

倫敦見。

我等不及要把
這滿臉的鬍子刮掉了！

1953年7月23日，濛濛細雨籠罩著葛雷哥萊·畢克位於倫敦格羅夫納廣場的公寓。

不會吧。

這該死的領帶……

梅爾！你能趕過來真是太好了，而且還刮掉了鬍子！

葛雷哥萊，再怎麼樣我也不能錯過你的這場羅馬風家庭派對。

我也不知道為什麼，反正我就覺得你們倆該認識認識。

啊，她在那裡。

奧黛麗，我來介紹一下，這是梅爾·法利爾。

很榮幸。

領帶很漂亮。

說說看《孤鳳奇緣》[25]哪裡吸引你，你竟看了三遍。

李絲麗·卡儂[26] 如此天真無邪的憧憬著愛情。你的角色，也就是那位斯芬加利確實有些惹人厭，不過最後卻讓人非常感動。

我不知道你在成為演員之前，曾經是舞者。

我倆有許多共同之處呢！

我們在百老匯看過你演出的《金粉世界》，你演得太棒了。

謝謝。

還有在羅馬拍的那部片子，拍攝期間媒體不停地追蹤報導，我真的很想看一看。劇情讓我聯想到我們的瑪格麗特公主[27] 跟她的情人彼得·湯森[28] 的故事。你們知道我說的是誰嗎？就是已故國王喬治六世的侍從武官和騎術教官。

請原諒我內人，她看太多婦女雜誌了。

我希望女王不會因為他曾經離過婚就反對這樁婚事。瑪格麗特公主是那麼脆弱。

黛西，你腦袋該清醒一下了。

既然你去了派拉蒙公司。你想告別舞台劇了嗎？

說真的，我還沒想過這個問題。

25 Lili，1953年出品的美國電影，男主角即梅爾·法利爾。
26 Leslie Caron，1931～，美法雙國籍演員、舞者。

27 princess Margaret，1930～2002，英國女王伊莉莎白二世之胞妹，與湯森相戀論及婚嫁，英國國教會反對王室成員與曾有離婚紀錄的人成婚，最後婚事告吹。據傳《羅馬假期》的出逃公主角色原型來自她。
28 Peter Townsend，1914～1995，英國皇家空軍上校。

155

德塞龔薩克夫人與赫本夫人到了。

嗯好，我突然有些緊張，心跳加快起來。

我得先跟你說清楚，這位赫本夫人不是那一位。樓下等候你的這位名叫奧黛麗，而且年紀看起來不超過二十五歲。

怎麼會？難道是在開玩笑，果真如此，這玩笑也太差勁了！

喔，我跟比利的太太很熟。我敢打賭奧黛麗·懷德已經在等著這些服裝的設計圖樣，好偷偷地抄襲仿製一件。她大力說服比利將你送到巴黎來，可是有自己的小心思的。

很榮幸認識您，紀梵希[29]先生。

于貝爾，你知道的，比利·懷德有個很棒的點子，藉由高級時裝來展現莎賓娜這個角色奢華的一面，繞過海斯守則[30]，也就是美國審查制度的規範。他希望司機的小女兒，也就是莎賓娜，能真真確確地蛻變成一個……

我們立刻就想到了你，你的作品表現出的優雅線條。

我了解，了解。

性感……

女人味！

我了解了。

29 Hubert de Givenchy 于貝爾·德·紀梵希，《第凡內早餐》設計奧黛麗赫本黑色禮服。
30 Hays Code，即電影製作守則，由時任美國電影製片人與發行人協會主席威爾·海斯主導，故又稱海斯守則，是1930～60年代美國電影業的道德規範，後於1968年被美國電影分級制度取代。

156

小時候在飯桌上，
大人會在我們背後擺一根尺，
要我們坐直。

我外婆也會這樣，
哥哥們最討厭這個了。

我母親曾很努力地
想要推翻這種
維多利亞式的
教育理念，然而終究
她也變成了信徒。

或許這跟
我們兩國文化裡
基督教義的嚴格規定
有關。

我們竟然有這麼多的共同點，真是不可思議。
父親都在我們很小的時候就離開我們……

我們的母親，縱有百般不是，
還是堅強勇敢地把我們養育成人。

您真的認為
您的父親
已經死了嗎？

一想到若非如此，
我就心如刀割。
他若還活著，
為什麼不來找他的女兒？
這一點，
我始終想不通。

這是我第一次如此
敞開心扉，
我沒有人可以說……

雖然有些不好意思，
但我理解您的心情。

您允許我
叫您奧黛麗嗎？

有一個條件，我們以後
以你互稱，別再您來您去了。

菲利普，
你覺得怎麼樣？

醜小鴨變天鵝了。

當女漢子遇上
細緻的高級時裝。

莎賓娜就在
我們眼前誕生了。

還有奧黛麗。

派拉蒙製片廠，
伊迪絲·海德的部門

原來是因為這樣
你才剪短了頭髮。

她跟其他的明星
真的很不一樣。

快點！
今天一大早，
伊迪絲就像噴火龍
一樣到處噴火。

紛絲的信件如雪片飛
來，大家都快崩潰了。
全世界都想變得
跟她一樣。

「奧黛麗
跳脫了所有
刻板框架，
沒有任何框架
能框住她。」

領子翻高
又沒燙平整，
看了就礙眼。

好，讓我們來看看
這件法國高級
訂製服吧。

是的，
海德
夫人。

去確認一下赫本小姐
的手套也能在下午三點
準時送出去。

亨弗萊[31]！
很高興見到您。請坐。

TIME

31 Humphrey Bogart，1899～1957，美國著名演員。

162

32 Lauren Bacall，1924～2014，美國舞台劇暨電影演員。
33 The Great Kate，意指凱薩琳‧赫本。

那時候，鮑嘉低聲說了句：「那個狗娘養的死納粹」。

什麼？太誇張了！

他擺明了是故意要讓比利聽到。

真缺德。

特別是整個好萊塢人人都知道比利的母親是在奧斯威辛集中營裡喪命的。

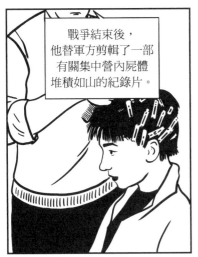

真的嗎，沃利？我並不知道。

戰爭結束後，他替軍方剪輯了一部有關集中營內屍體堆積如山的紀錄片。

他應該收到了數千公尺長的樣片。

在成堆的屍體影像中，夜以繼日地搜尋他母親的臉，但始終沒有找到。他差點就要發狂了。

34 William Holden，1918～1981，美國演員，曾獲得奧斯卡最佳男主角獎。

167

比利？

嗯？

我現在才知道
關於你母親的事。
我感到非常遺憾。

你知道，現實生活中，
總有悲觀厭世的人死在好萊塢的泳池裡，
而樂天積極的人卻死在奧斯威辛。
我的母親屬於後者。

1953年2月德國國會大廈發生大火的隔天，
我就離開了柏林，身為猶太人，
我立刻開始擔心自己的生命安危。

我嗅出了異樣，
我不是
唯一的一個。

多虧了我們這些人，
德語成了好萊塢的
第二大流通語。

你們沒有邀請
鮑嘉嗎？

那傢伙，哪邊涼快
哪邊去吧。

羅迪歐大道[35]上，有一條專門慢跑的小路。我在那裡遇見了葛麗泰・嘉寶，她正在慢跑，我上前攔下她，她跑得全身大汗淋漓。

我邀請她到我家裡去喝杯馬丁尼，她答應了。

我太太在樓上，我大聲叫她，同時告訴她嘉寶來家裡了。

她竟回答：是啦是啦，滾一邊去。她不相信我！

然後她下樓，老天啊，眼前站著的是那位貨真價實的瑞典女郎！

我好喜歡《俄宮豔使》裡面的她[36]。

懷德太太的祕訣是加上幾滴諾利帕苦艾酒。

一點都沒錯！

在此之前，嘉寶喝的馬丁尼都是用琴酒調的。我太太呢，她喜歡用伏特加。這樣調出來的馬丁尼不會太甜，不冰也很清涼。那是一門藝術。

好了，孩子們，雷曼的寫作進度出了一點小問題。我們需要你的幫助，奧黛麗。既然大家都喜歡你，而且一直以來你都無可挑剔，所以你可以稍微耍點小性子，擺擺明星的款，或者乾脆假裝生病延遲一下拍攝的進度，因為編劇那邊真的是遭遇了大瓶頸！

今天已經是星期五了，我們正好可以有整個週末來想後面的劇情。

你要我假裝頭痛？可是我演技那麼差，一定馬上被識破。

35 Rodeo Drive，位於美國加州比佛利山，精品店林立的購物街。
36 Ninotchka，1939年出品的美國喜劇電影。

37 Ernst Lubitsch，1892～1947，德國電影導演，咸認是德國電影史上影響最鉅的導演，
他於1947年11月30日因心臟病發作，去世於好萊塢。

穿上灰姑娘的
玻璃鞋，
一起悄悄離開？

不能再
這樣下去了，
你已經結婚……

噓……我知道
下面你要說什麼。
你想要孩子。

求求你，不要再打給我了。
我跟你說了，我不想再見到你！
喔，你好，梅爾！
不會，您沒有打擾到我。
抱歉，是你沒有打擾到我。

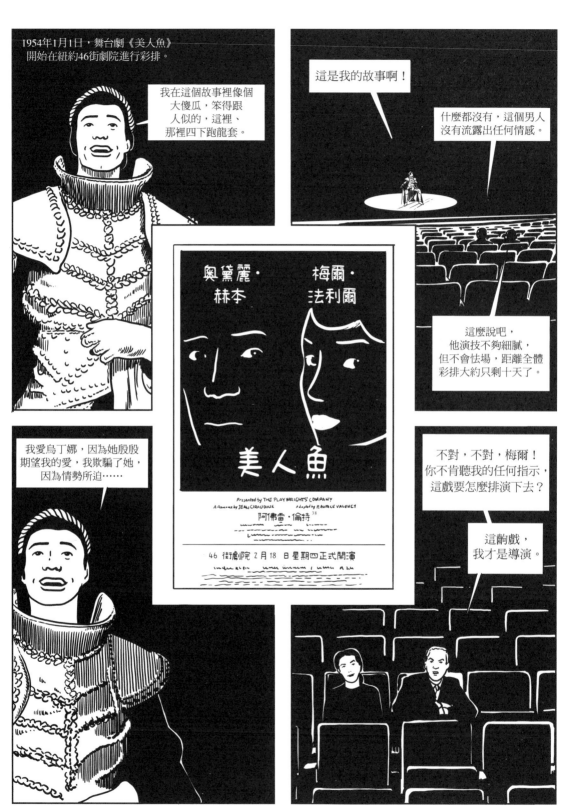

38 Alfred Lunt，1892～1977，美國演員暨導演。

我聽說阿佛雷針對最後那段劇情，給了你建議。不過，我不同意他的看法。你的角色在那一刻不應該坐下，恰恰相反。

你這樣認為嗎？可是，我不能不照他的話去做。

為什麼不行？我覺得他不像我們那樣了解這齣戲。

AUTOMAT
赫恩與合達特自助餐廳[39]

因為脊髓灰質發炎，我的手臂幾乎是處在半癱瘓的狀態。我不敢說我戰勝了病魔，但我努力地靠練西洋劍來復健。

你好勇敢又好有毅力，梅爾。

回到我們的舞台劇，第二幕的對白，我有個小看法，我覺得比倫特的更合理些。

46 st
奧黛麗・赫本
梅爾・法利爾
《美人魚》
阿佛雷・倫特 執導

我受不了這些相互矛盾的訊息了。先要我往右，接著往左……我已竭盡所能，我快累死了，林恩。

親愛的，這齣戲只有一個導演，你該聽他的指示。我知道這齣劇的構想最早是梅爾提出來的，但是你不該讓他影響你。

39 Automat Horn & Hardart，美國連鎖自助餐廳，由赫恩與哈達特合資開立，1902年在費城開設第一間店，之後在紐約等地開設多家分店，在二十世紀前半風行一時。

怎麼樣？

跟奧黛麗一起工作真的很愉快，只是代價太高了。為什麼那個梅爾也要跟著一起來？他只會壞了這部戲……

親愛的，你眼睛不行了嗎？如果他不在演員之列，她不會答應接下這個角色。

你這話是什麼意思？

她瘋狂地愛著他，對他百依百順。

是嗎？

觀眾在呼喊你上台謝幕！

他們得呼喊我三次。我不會忘記第三次時……

太棒了

鼓掌 鼓掌 鼓掌 鼓掌 鼓掌 鼓掌 鼓掌 鼓掌 鼓掌 鼓掌

41 Dave Brubeck quartet，美國知名爵士樂隊，由大衛‧布魯貝克與薩克斯風手保羅‧戴斯蒙於1951年創立，曾發行多張專輯。
42 David Brubeck，1920～2012，美國爵士鋼琴家、作曲家，是美國爵士樂的先鋒。
43 Paul Desmond，1924～1977，美國薩克斯風樂手，作曲家，樂團知名的作品《休息五分鐘》（Take five）靈感源自於他。

44 Louella Parsons，1881～1972，美國八卦專欄作家、編劇。

奧黛麗想跟梅爾・法利爾分享所有的一切，訪問、海報，甚至她的床！她似乎罹患了憂鬱症……

胡說，哪裡聽來的？

《洛杉磯稽查報》的盧艾拉・帕森絲[44]說的。你向來不看她的專欄〈紐約閒話〉，然後又什麼都想知道。

又是這個垃圾，你讓我很失望。不過，她怎麼會生病呢？

壓力太大啊。你知道《羅馬假期》讓她獲得奧斯卡提名，現在這部戲又讓她成為東尼獎的熱門人選。

保羅，這曲子非常棒，曲名叫什麼？

奧黛麗。

45 Ava Gardner，1922～1990，美國知名女演員。

大家一直追問我，你是不是要結婚了。我只好不斷地闢謠。

媽媽，拜託！我才剛睜開眼，你就又開始了。惡夢簡直是一個接著一個。

我不想跟你吵了。

你呼吸道的毛病復發。張開雙眼看清楚，你們倆的事讓你窒息，他要榨乾你了。

媽媽，他愛我，保護我！他都是為我好。

禁止你把電話號碼給你的同事？你的經紀人？他控制了你，如同他控制了你的所有活動行程。一直以來，我不是教你一定要保持獨立自主嗎？

他這樣做都是為了我，而且是我同意他這麼做的。

難道他願意一直待在你的影子底下？

1954年夏，
瑞士山區布爾根斯托克鎮[46]

哈囉！

這是我
剛剛採的，
送給你。

這麼快就編好了！
非常謝謝你。

46 Bürgenstock，位於瑞士琉森湖的比爾根山半島上，是著名的觀光小鎮，許多著名的藝術家和明星都選在這裡度假。

「親愛的梅爾，我在這裡感覺好多了。在格斯塔德[47] 的時候，攝影記者老追著我跑，一刻都不放過。想想看，本地的電影院還在放映《羅馬假期》呢。《美人魚》157場演出結束後，我就夢想著漫步山林中，現如今卻只能關在房間裡看窗外的雨。

這裡有佛里茨．傅來照顧我，幫我擋下不速之客。沒有人談論我得奧斯卡或東尼獎的事。事實上，他們根本不認識我。

我開始均衡地飲食，每天晚上十點睡覺，早上十點起床。山上的空氣對我的身體很有益處，我好久沒犯氣喘了，甚至開始學打高爾夫球。

我尚未能從科萊特過世的噩耗中走出來，我正在讀她的《感傷下台》，希望多少能感受到她依然在我身邊，還能領到她的忠告和她的教誨。

你在義大利的拍攝進行得如何？我為你感到高興，但我真的好想你。

我手邊有一大疊劇本，我真希望你能看一看。

喔，我在房裡裝了一台留聲機，反覆播放諾爾．寇威爾[48] 的唱片。我又想起了我們在一起的美好夜晚。你的奧黛麗。」

好了，赫本小姐，您要刻的字「為男孩瘋狂」已經刻上去了！

47 Gstaad，瑞士西南部的小鎮，是各國皇室及明星政要最愛造訪的度假療養勝地。
48 Noël Coward，1899～1973，英國演員、流行音樂作曲家。

人們稱之為四州湖，所謂四州即瑞士立國之初最早加入的烏里、舒維茲和翁特瓦爾登州，外加琉森州。

好棒的全景！

那裡有座禮拜堂，你等著看，非常漂亮。我們的婚禮將在湖畔的布奧克斯鎮舉行。

你全都計畫好了。

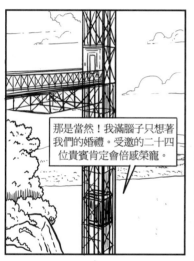

那是當然！我滿腦子只想著我們的婚禮。受邀的二十四位貴賓肯定會倍感榮寵。

如果我連續工作三個月，之後三個月我一定會做好妻子的本分，不會讓你失望的。

我們如果能盡可能地在一起工作，那就太好了。

沒有人知道婚禮過後，我們計畫去羅馬。

可是記者都知道你在那裡拍片。他們就不能放過我們嗎？

這裡是不是世界上最美的地方？

1954年9月25日，
布爾根斯托克鎮禮拜堂。

梅爾楚·賈斯頓·法利爾，你願意接納奧黛麗·凱瑟琳·路斯頓·赫本成為你的妻子嗎？

是的，我願意。

奧黛麗·凱瑟琳·路斯頓·赫本，你願意接納梅爾楚·賈斯頓·法利爾成為你的丈夫嗎？

是的，我願意。

我宣布你們結成夫妻。

百年好合！

新婚快樂！

太棒了！

您是以什麼身分帶新娘進場呢？

奈密爾·布蘭德爵士[49]過去曾任英國駐海牙大使。由於我們對奧黛麗父親的下落毫無頭緒，所以他非常好心地過來幫我們。

「烏丁娜」河產鱒魚，佐季洛杜[50]醬汁、「孤鳳奇緣」小豆仁與「安娜公主」四季豆。天啊，看著就好美味。

不覺得把菜單寫在餐巾上是個很棒的點子嗎？

49 Sir Nevile Bland，1886～1972，英國外交官。
50 Jean Giraudoux，1882～1944，法國小說家、劇作家，《美人魚》即他的作品。

這些人是
怎麼回事？

都是狗仔。

你們計畫到
羅馬
度蜜月嗎？

你的名氣
已經遠遠超過
你的角色安娜公主了。

您懷孕
了嗎？

你們要給孩子
取什麼名字？

我好像變成
影子底下的男人了，
就像菲利普親王，
隱身在女王身後……

這話
太誇張了！

如果不停下來跟他們講兩句話，
他們肯定會黏著我們不放。
等抵達格蘭大飯店時，就這麼辦吧，
否則他們會翻過圍籬，用盡一切手段溜進去。

之後你們就可以在
阿爾巴諾[51]的
羅利莊園好好享受
蜜月假期了。

門口會有警察留守。警察
都很習慣了，葛雷哥萊·
畢克在拍攝《羅馬假期》
的時候也住在這裡。

我們很高興
能在義大利度蜜月。
我的妻子跟我
非常感謝你們如此……

熱情地歡迎。

那些在月台
等你們的記者也都
曾在《羅馬假期》裡插上一腳。
惠勒把派駐國際中心的
真正記者都叫來，
參與片中記者會的那場戲。

真實情況
不輸戲劇。

為什麼拉上窗簾？

園丁剛剛趕走了躲在灌木叢裡的攝影狗仔。

他們已經得到他們想要的了，不要擔心。明天媒體會大肆報導我們結婚的消息，也會刊登我們的照片，之後他們就會改追另一個話題了。

你能把麵包切板拿過來嗎？麵包好了……

萬一你人在奇尼奇塔電影城，他們回來了怎麼辦？

這些合約看得我一個頭兩個大。總之，你拍《羅馬假期》時的那種價碼已經結束了。你現在的身價早就超過一萬兩千五百美金。

如果大眾能夠像我一樣看見你的價值就好了。

我全都重新協商過了。迪諾·德·勞倫提斯[52]已經同意給你三十五萬美金。至於我接演安德烈王子一角的報酬是十萬美金。

親愛的，我想我們得把《戰爭與和平》的拍攝檔期往後延了。

你是說……

對，我懷孕了！

喔，梅爾，我覺得好幸福。我們就待在鄉間，我會好好照顧你，還有我們的孩子。我們不需要那些錢。我們可以吃義大利麵，而且我……

麵包要烤焦了！

52 Dino de Laurentis，1919～2010，義大利電影製片人。

流產之後，她整個人好像失了
魂似的，不跟任何人說話。
我會轉告她，你打電話來了，
康妮。嗯，我們也很想你。

晚安，于貝爾，
當然，我一定會告訴她。
她一定會很高興。
她會恢復的，就像你說的。
只是需要時間來沖淡這一切。

好的，迪諾，
我來想辦法說服她。我這邊沒問題。
你可以把《戰爭與和平》的拍攝檔期
提前，她需要重新振作起來，
工作能讓她沒有多餘心思去想太多。

趁湯還熱的時候，
喝一些吧。
你需要吃點東西。

當然不是。
我們會有孩子的。

你覺得會不會
是因為我在戰爭
期間營養不良
才會這樣？

191

55 Henry Fonda，1905～1982，美國知名演員。
56 Anita Ekberg，1931～2015，瑞典籍女演員。

那麼，我們就推掉田納西‧威廉斯[57]的《夏日煙雲》。也婉拒了《安妮的日記》，雖然我仍然認為你不該拒絕。惠勒的電影計畫泡湯了。

關於《安妮的日記》，你很清楚我是真的很怕那些記者又去翻我父母的過去。風險真的太大了。

只可惜派拉蒙不願意我演拿破崙的那個肺癆兒子。

他們是怕我的胸部太大不適合這個角色嗎？

派拉蒙和米高梅又在上演製片廠爭奪戰。最好《甜姐兒》[58]能在巴黎拍，如果能跟我的電影《艾琳娜和她的男人們》[59]拍攝期重疊的話，我們就能常在一起了。

要不然……

我建議在你跟尚‧雷諾瓦[60]在巴黎拍攝的這段期間，我去找巴黎歌劇院的呂西安‧勒格朗學舞怎麼樣……

之後轉去好萊塢續拍《甜姐兒》時，我們可以搬到馬里布[61]住，你也可以在那裡準備赴墨西哥拍跟愛娃‧嘉德納搭檔的那部片。

然後，等我再回到巴黎拍《黃昏之戀》[62]時，也差不多是你到法國南部拍《太陽依舊升起》[63]裡餐廳那一段戲的時候了……

這樣一來，我們倆就能在巴黎和好萊塢之間奔波的行程裡相聚一段時間了。

親愛的，你想怎麼做，都依你。

---

57 Tennessee Williams，1911～1983，美國著名劇作家，代表作有《慾望街車》與《熱鐵皮屋頂上的貓》。

58 Drôle de frimousse，1957年出品的美國歌舞片，也是赫本不用配音，原聲演唱的少數片子之一。

59 Elena et les hommes，法國名導雷諾瓦在1956年拍攝的喜劇，女主角是英格麗‧褒曼。

60 Jean Renoir，1894～1979，法國知名導演。

61 Malibu，洛杉磯郡城市，氣候宜人，美麗沙灘吸引眾多明星及演藝工業從業人員聚居於此。

62 Ariane，1957年比利‧懷德執導的電影。

63 Soleil se lève aussi，1957年出品的電影，根據海明威小說改編。

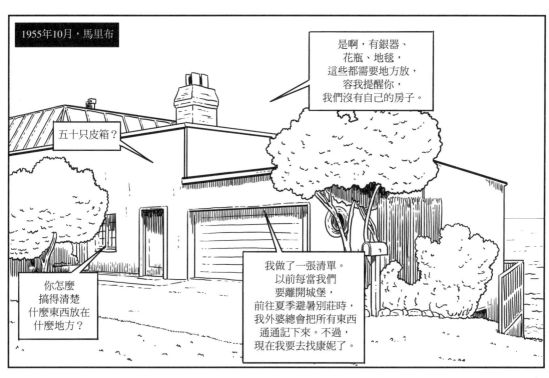

1955年10月,馬里布

五十只皮箱?

是啊,有銀器、花瓶、地毯,這些都需要地方放,容我提醒你,我們沒有自己的房子。

你怎麼搞得清楚什麼東西放在什麼地方?

我做了一張清單。以前每當我們要離開城堡,前往夏季避暑別莊時,我外婆總會把所有東西通通記下來。不過,現在我要去找康妮了。

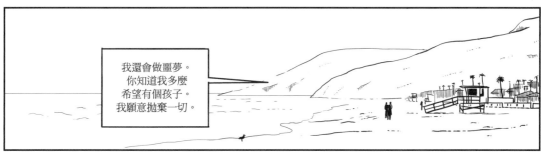

我還會做噩夢。你知道我多麼希望有個孩子。我願意拋棄一切。

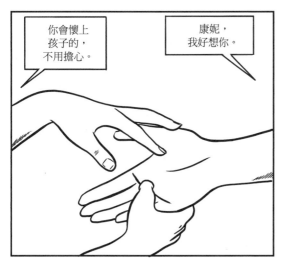

你會懷上孩子的,不用擔心。

康妮,我好想你。

我覺得我們好像認識了一輩子……

64　Stanley Donen，1924～2019，美國知名導演、製片、舞蹈指導，代表作為《萬花嬉春》。
65　George Blanchine，1904～1983，美國芭蕾舞者，被譽為美國芭蕾舞之父。

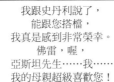

66　Suzy Parker，1932～2003，
美國名模、女演員。

我需要紀梵希，就像是美國女孩需要心理分析師一樣，穿上他的衣服就像是穿上盔甲，保護著我。

這個造型應該會引起美國女孩的跟風潮。她們活像是掛滿過多裝飾的聖誕樹。

少一些更好。

奧黛麗，你醉了，振作一點。

梅爾，說說愛娃·嘉德納吧，她是怎樣的人？

她非常高雅。拍攝也進行得非常順利。

我得跟各位辭了，奧黛麗該休息了。

秤什麼秤，我知道我是掉了幾公斤。

七公斤！太可怕了。居然還有女孩夢想著跟你一樣輕盈窈窕。你病了，小可憐。

有時候，你講話真的很傷人。

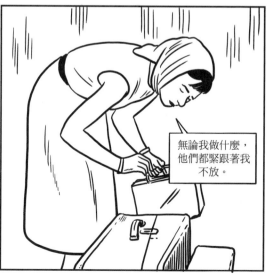

67 Mayerling，是美國NBC電視台1957年播出的電視影片，在歐洲以電影的形式上映，由赫本、梅利爾夫婦主演。

1956年8月底，法國布洛涅——比楊谷片場旁安靜的樹林裡。

寶貝，哪頂帽子適合這個父親的角色，偵探又該戴哪一頂呢？

這頂適合你的爸爸嗎？

還是這一頂？

哈哈！莫里斯・雪佛萊[68]居然來問我該戴哪頂帽子，要是我媽，一定開心死了！

你的父親呢？你從來不曾提起他。

他的離開深深傷害了我，讓我覺得被遺棄。這麼多年過去了，我在想，如果他還活在這個世上，他肯定看過關於我的報導。想到這裡，眼淚就止不住地往下掉，因果真如此，那他為什麼一直不出聲呢？

男人是懦弱的混蛋，我親愛的寶貝。

「如果我真的有一個像你這樣的女兒，我將感到無比的驕傲和滿溢的愛。莫里斯・雪佛萊」

謝謝您，莫里斯！您的話深深地撫慰了我的心！我是那麼缺乏自信……

68 Maurice Chevalier，1888～1972，法國演員、歌手，曾參演《黃昏之戀》。

70 Au risque de se perdre，1959年出品的美國電影，改編自凱瑟琳‧休姆（Kathryn Hulme）的同名小說。本片對赫本的人生觀影響很大，一開始拍攝時水土不服，後來她造訪了精神病院、癲癇病院，跟當地的志工交流，精神漸漸覺得充實飽滿，也開始喜歡上非洲，她曾說那裡有最純樸善良的人。

71 Vertes demeures，1959年的冒險愛情電影，導演正是奧黛麗的夫婿梅爾‧法利爾。

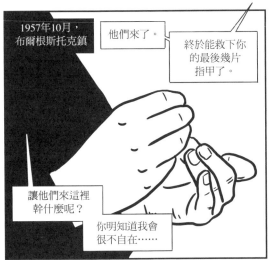

1957年10月，
布爾根斯托克鎮

他們來了。

終於能救下你的最後幾片指甲了。

讓他們來這裡幹什麼呢？

你明知道我會很不自在……

法蘭克先生，希望您從巴塞爾來的這一路上，旅途還算愉快。最後幾段彎道走起來可能有些不太舒服。

哪裡，請叫我們奧圖、芙莉茲就好。

我從奧斯威辛集中營回來後，祕書把安妮的日記交到了我的手上。她一直小心翼翼地保管著，就是想要把它交還給她……但那已經是不可能的了。

總之，透過她的記述去了解自己的女兒，感覺真的很奇特。才真正了解到身為一個父親，竟跟自己的孩子切斷一切的那種感受。您知道的，她那時候正值花樣年華。

她夢想著好萊塢，夢想著成為電影明星……

喔！

奧黛麗？

奧黛麗？
芙莉茲的紅酒
灑到襯衫
上了……

喔，呃，
是啊，
抱歉。

我有些失神，
請跟我到浴室，
我來處理。

24994 43

天啊…

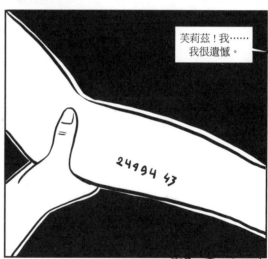

芙莉茲！我……
我很遺憾。

24994 43

好啦，沒事的，我的孩子。
過去是用來借鏡學習的，不是來再三
重溫的。這些刺青時時提醒著我，
此時此地的現在有多美好。

對不起！

微笑！

上車吧，親愛的，
我不想開夜車。

72 Fred Zinnemann，1907～1997，奧地利裔美國知名導演，兩度獲得奧斯卡最佳導演獎，三度獲得最佳影片獎。
73 Yves Montand，1921～1991，法國演員、歌手。
74 Gérard Philippe，1922～1959，法國演員。
75 Peter Finch，1916～1977，澳大利亞演員，曾獲得奧斯卡最佳男主角獎，暨五次英國電影學院的男主角獎。

親愛的，星期二跟佛烈‧辛尼曼[72]
在拉斐爾飯店茶敘之後，我就去修道院了。

由梅爾來飾演佛楚納堤
醫生一角再合適不過了，
不是嗎？

沉重的金屬大門在我身後咿呀關上。

我們考慮過蒙頓[73]，也
考慮過菲利浦[74]，最後
選擇了彼得‧芬奇[75]。

他們介紹我認識了瑪麗－愛麗絲修女。
多麼純潔美麗的一個人呀！對我永遠笑容滿面。

她們帶我進入閱讀室。
有一位修女正在讀某位聖人的傳記，另外一些
修女則端坐在桌前，專心地做著手上的工作。

做禮拜的時候，修女們都朝祭壇方向跪下，
然後再向修道院院長行禮。

到了靜禱時刻，有些人會坐下，
有些維持站姿，也有人跪下。
儘管每個人的臉龐各自不同，
但全都閃耀著內心平靜的光芒。

我在訪客室吃了飯。身上的大衣始終沒有脫下，可見這裡有多冷。

我曾去過剛果，擔任傳教醫生。

晚課結束後，靜默靈修開始，大家各自回到自己的小房間。「外科醫生」修女領我到花園的另一頭，那是專為我準備的區域。

我本想擦洗一下身子，可是浴室的窗戶大開，裡面冷得像冰窖。睡覺時我還把大衣鋪在被子上。

隔天傍晚，我知道我將返回飯店，就換上了我原本的洋裝，跟修女們告辭。

回到飯店泡個熱水澡，舒服極了。

我很快就上床睡覺。第二天，我跑去找于貝爾，他正忙著準備當季的新裝，我向他訂購了好幾件。或許是對我過去二十四小時刻苦生活的一種補償心理作祟！

後來，我們被迫開車回布魯塞爾了，
因為一場暴風雨使得我們的飛機無法起飛。

星期五，我整天都跟本篤會的修女們在一起。
我用法文跟一些不喜歡
凱瑟琳・休姆[76] 這本小說的修女交換了一下看法。

經過漫長數週的時間熟讀劇本，
和角色揣摩，我覺得路克修女的樣貌
漸漸完美成形。[77]

她的確感到哀傷。
劇本裡的這個女人心志堅
定，但絕沒有走火入魔。

倫德斯神父對劇情多有批判，
他怕人們會對修道院的生活產生誤解。
我們針對路克修女這個角色，
和她的選擇討論了好久。

我們很快就能相聚了，
到時我再詳細地說給你聽。 愛你的奧黛麗。

76　Kathryn Hulme，1900～1981，美國小說家。
77　Sœur Luc，《修女傳》的女主角，是信仰虔誠的外科醫生之女，選擇拋棄世俗一切，侍奉上帝，
　　然而她在剛果醫院傳道時，愛上了無神論的佛楚納堤醫生，最後戀情無疾而終。

剛果史坦利城（即今日的基桑加尼）

米高梅大力支持這部片。
《綠廈》將會是一部經典。
我感覺得到。加上你和安東尼·柏金斯[78]
這樣的超強卡司，一定會大賣！

梅爾，我真的非常以你為
榮，如此才華洋溢。
我自作主張地在某幾段
對話上加了一些批註。

劇本非常完美，
完全不需要
更改潤飾。

實在太熱了！喔，梅爾，
他們沒有告訴你嗎？
我要求在片場放一台
電風扇，結果他們送了
一台加濕器來。

是啊，很離譜吧，
好像這裡的濕氣
還不夠重似的。

哈哈哈！

佛烈，什麼事這麼好笑？

這是剛果電信公司
第一次跟好萊塢
連上線。

我們明天五點出發，
前往史坦利·喬治·布朗醫生[79]
的痲瘋病院。

78 Anthony Perkins，1932～1992，美國演員，代表作是希區考克的《驚魂記》。
79 Stanley George Browne，1907～1986，英國傳教士醫生，曾在尼日、剛果、印度等地長期協助治療痲瘋病，並在學術和醫學上獲獎無數。

非常榮幸，
史坦利·布朗
醫生，我聽過很多
關於您的事蹟。

巫師和江湖郎中能辨認得出這些人染上的是痲瘋病，
還是其他感染性疾病，但他們不曉得如何治療。
剛果人民若看見眼睛出現症狀了，
就會跑去找他們問診，卻不會來找我們求助。

他向我講述了所謂
神奇藥水的成分：
猩猩手指、樹根、棕櫚酒。

無所謂……
重點是
別去批評
任何人，
只要出手
幫忙就好。

他們在拍其他場景，
你願意趁空參加
我們的彌撒嗎？

求之不得。

拍攝什麼時候
結束？

六月，我們會到
比利時拍外景。
然後我要回好萊塢，
接著拍我老公執導的
片子《綠廈》。
幸好劇中需要的亞馬遜雨林
場景會在片場裡搭建。
我不知道您是怎麼適應
這樣的熱氣！

禮拜堂裡有一種神聖的光輝。

我祈禱上天賜予我一個孩子……

這就是非洲魔法,親愛的奧黛麗。

突然間,我的心充滿了愛。我感受到滿滿的感激之情,於是我明白了,孩子會來的,我必須通過考驗,學會放開。

我不知該如何用言語解釋那個時刻……

親愛的孩子,今天是主顯節。

布朗醫生,我非常敬佩您。如果我能夠像您一樣,清楚地知道自己的人生使命就好了。

您將比想像中更快發現自己的使命所在。冥冥之中自有定數,要有信心。

修女，
要我載您
一程嗎？

是啊，今天該做的事
都已經做完了。

這是
哪裡啊？

修道院啊，
修女。

哎呀，我是電影演員！
您應該送我回飯店啦！

226

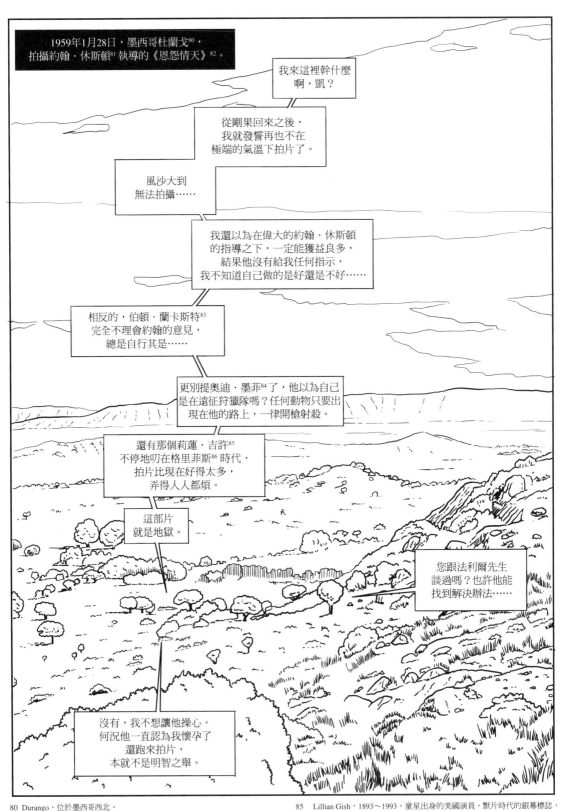

80　Durango，位於墨西哥西北。
81　John Huston，1906～1987，美國電影導演、演員、編劇。
82　Le Vent de la plaine，1960年出品的美國西部電影。
83　Burt Lancaster，1913～1994，美國電影演員，曾獲奧斯卡最佳男主角獎。
84　Audie Murphy，1925～1971，美國軍人，二戰時期戰功卓著，退役後成為演員。

85　Lillian Gish，1893～1993，童星出身的美國演員，默片時代的銀幕標誌，
　　曾獲得奧斯卡終身成就獎。
86　D. W. Griffith，1875～1948，美國默片導演。

229

女星奧黛麗‧赫本發生了摔馬意外，
緊急送杜蘭戈醫院治療。

女星四根肋骨斷裂，
一節脊椎移位。拍攝中斷。

梅爾‧法利爾從好萊塢趕過去，
當即決定搭乘專機返回洛杉磯治療。

2月26日，奧黛麗在夫婿梅爾‧法利爾的攙扶下，
終於能夠走路了。

奧黛麗帶著助行器重回拍攝現場。
拍攝空檔，她必須躺下休息。

幾個星期後，
奧黛麗不幸再度流產。

部分人士認為
與這次墜馬意外有關。

奧黛麗再次墮入了
她所謂的「黑暗深淵」。

我們會走出來的，你等著
看，你要對我們有信心。

再沒有什麼
比出席朋友
的服裝秀；

或在明亮的城市中，
讓攝影師好友拍照；

奧黛麗‧赫本路

或出席以我的名字為
街道命名的儀式，

奧黛麗‧赫本路

更能提振精神了。

87 Sir Alfred Hitchcock，1899～1980，英國電影導演與製片，共拍超過50部電影，影響後世甚鉅。
88 No Bail For The Judge，英國小說家亨利·瑟西爾（Henry Cecil）的小說，希區考克原想改編拍成電影，此計畫後胎死腹中。
89 Otto Preminger，1905～1986，美國電影導演、製片、演員。

1960年7月17日，布爾根斯托克鎮

西恩（Sean）

梅爾楚・賈斯頓・法利爾先生
暨夫人

瑞士

布爾根斯托克鎮，
1960 年7月17 日

234

怎麼樣啊，西恩小寶貝，在蘇菲亞‧羅蘭[90]阿姨的懷裡是不是很舒服啊？你知道有多少寶寶夢想著能像你一樣啊？更別說有多少男人了！

他真的好可愛。還有你的義大利麵美味極了，一定要誇獎一下。

楚門‧柯波帝寄了一封很窩心的信來，先是恭喜我們喜獲麟兒，然後提出想跟我見面一起討論《第凡內早餐》的想法，反正他現在人在歐洲。

我的經紀人弗林斯說得對。現在已經是六〇年代，電影藝術跟以前大不相同了。而且劇本修改後的荷莉一角，變得更惹人憐惜。

真的？他逢人便說他只屬意瑪麗蓮‧夢露。畢竟這個角色是一個妓女……

他們選定由誰來執導了嗎？

聽說希區考克不喜歡我，因為我拒絕了他的一個角色，可是當時我真的沒辦法接。

算了，別再想了，男人根本不懂女人。

布萊克‧愛德華[91]，一個年輕奇才。他推薦湯尼‧寇蒂斯[92]跟我演對手戲……

湯尼‧寇蒂斯？絕對不行！

喔，我該走了……

很抱歉，我們再約好嗎，蘇菲亞？

你能告訴我這份合約進展到哪裡了嗎？

不行，我要哄西恩睡覺了……

90 Sophia Loren，1934～，義大利籍國際巨星，曾獲得奧斯卡最佳女主角獎、終身成就獎。
91 Blake Edwards，1922～2010，美國導演、編劇、製片。
92 Tony Curtis，1925～2010，美國演員。

93 Nikita Khriachtchev，1894～1971，曾任蘇聯最高領導人，在任期間積極改革，並曾多次訪問美國，後遭遇政變，被迫下台。

卡！

你很緊繃。從畫面上就感覺得出來，你的手在發抖。我們馬上再來一次。

我知道，很抱歉。得知赫魯雪夫七點半會經過這條馬路，讓我有些神經緊張吧，我想。

我告訴你，他肯定偷偷看過你的電影，而且若能在這裡跟你巧遇，他一定會很高興。

94 George Peppard，1928～1994，美國演員，《第凡內早餐》的男主角。

是啊，大環境的所有一切都在抗拒改變。

喬治[94]，我不懂你在說什麼？

記憶？可是……

這場戲，你說你想用什麼感覺記憶？

噓ooooo

我絕不會這樣做。

這樣不行。你很清楚你吹的口哨聽起來缺乏真實感。

你夠了喔！

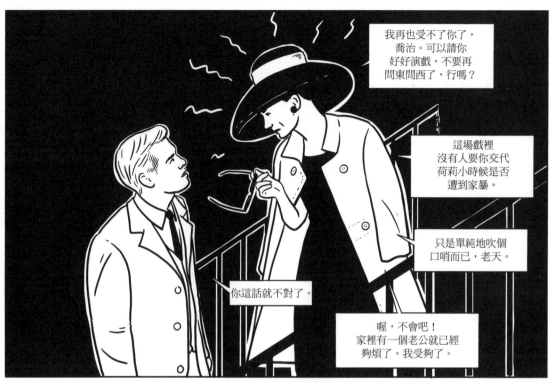

我再也受不了你了，喬治。可以請你好好演戲，不要再問東問西了，行嗎？

這場戲裡沒有人要你交代荷莉小時候是否遭到家暴。

只是單純地吹個口哨而已，老天。

你這話就不對了。

喔，不會吧！家裡有一個老公就已經夠煩了。我受夠了。

我失態了，布萊克，我不會他說的那些表演技巧，全憑直覺演戲。他這樣不停地拿問題煩人，我沒辦法跟他演對手戲。

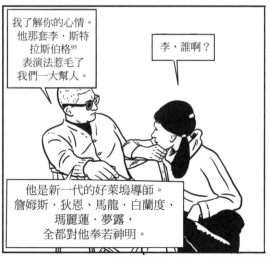

我了解你的心情。他那套李‧斯特拉斯伯格[95]表演法惹毛了我們一大幫人。

李，誰啊？

他是新一代的好萊塢導師。詹姆斯‧狄恩、馬龍‧白蘭度、瑪麗蓮‧夢露，全都對他奉若神明。

我也不想要他這樣的演員，但是我沒有辦法，只能敷衍他。你相信我嗎？

我當然相信你。

95　Lee Strasberg，1901～1982，波蘭裔美國導演、演員。1931年在紐約開辦組合戲院（Group theatre），大力推廣「美國表演技巧」（American ActingTechnique），該劇團於1941年解散。

1960年11月，梅爾與奧黛麗在好萊塢的住所。

月河與我。

這樣不對。唱完你應該站起來才對。

我不確定布萊克會不會喜歡。彩排的時候，我就是這樣演的。

或許吧，但這樣看起來比較好。

第二天，派拉蒙片場。

月河與我。

不對，不對。你幹麼站起來啊，奧黛麗？昨天晚上不是已經敲定了嗎？

我……

你可能會接收到千百種不同的建議，但切記我才是這部片的導演，而且曼西尼[96]譜寫的那最後三個音符「Do Sol Fa」就已經夠悲傷了，不需要再多做一些無謂的動作。

你說得對，布萊克。少即是多，對不起。

開拍！

96 Henry Mancini，1924～1994，美國作曲家、指揮家。曾為多部電影和電視劇配樂，代表作有《第凡內早餐》和《頑皮豹》。

幾個星期後，在史丹佛舉辦的一場非公開放映會。

Moon River

奧黛麗，太精彩了！

謝謝你，亨利。你的配樂就像是飛機的燃油！

你覺得我怎麼樣，梅爾？

我很喜歡你的帽子。

Stanford

暫時關閉

馬丁·拉金[97]，這次首映前的非公開放映後，我們做了問卷調查，結果反應非常好！

是的，布萊克，但是曼西尼做的那首爛歌是個問題？

哪一首？

〈月河〉，這首歌得換掉。

什麼？

絕對不行。

只要我還活著，就絕不可能！

奧黛麗，鎮靜一點！

97 Martin Rackin，1918～1976，美國作家、製片，1960～1964年擔任派拉蒙的高階主管。

1961年3月，好萊塢賽繆爾·戈德溫片場，拍攝威廉·惠勒執導的《雙妹怨》。

賽繆爾·戈德溫片場

威利，
你在這裡變成
教書先生了？

別提了，奧黛麗！
被這些未成年的女演員包圍簡直像是
上了苦役船。更別說那些到場盯梢的父母、
來這裡教必修課程的老師，還有一聽到這部片
的主題後立刻拖著孩子退出的人。

哎，算了，再怎麼樣也不會
比拍《賓漢》更辛苦！
我來介紹一下，這位是
你的搭檔：莎莉·麥克琳[98]。

她好有
氣質喔！

看，
是赫本小姐。

98 Shirley MacLaine，1934～，美國演員，曾獲得奧斯卡最佳女主角獎。

243

244

不，打死我，
我也不要在好萊塢定居。
我希望我的兒子能夠有正常的童年，
而且我愛極了瑞士。我已經準備好，
為西恩放棄一切。

真有趣，
第一次見到你的時候，
我覺得你有些高傲，不愛搭理人，
其實你只是內向罷了。

有一件事我可以
確定，我不像你
那般活潑。

比利‧懷德跟我說，
在你面前他會稍稍注意
自己的言行，

雖然他知道你其實沒那麼
一本正經。我們來做個交易吧。
永遠高居全球十大氣質女星的你，
來教教我日常禮儀，我呢，我就來
告訴你該如何變得比較飛揚不羈。

我希望女性能夠
獲得解放，
保有漂亮的屁股，
和扭動它的權利！

殺了我吧，
停！

好極了，
當著我們兒子的面！
還真是正面教材。

梅爾，對不起，
我們需要⋯⋯

拋開束縛。

245

1962年8月6日，在巴黎拍攝
理查·奎因[99]的《巴黎假期》[100]

聽說賈姬·甘迺迪[101]
也穿你們家的衣服？
那件洋裝的確是
你設計的。

是的。不過，
奧黛麗，這是祕密。
美國的第一夫人
應該穿本國設計師
的衣服才對。

總之，我很欣賞
那件洋裝的剪裁，
既時髦又不失高雅。

是啊，
賈姬有舞蹈家的身形，
跟你一樣，奧黛麗！

這麼說來，
總統大人也有可能
會喜歡上我喔！

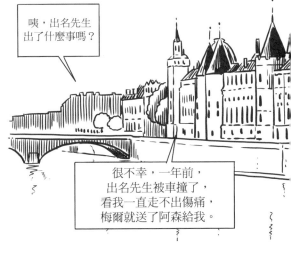

咦，出名先生
出了什麼事嗎？

很不幸，一年前，
出名先生被車撞了，
看我一直走不出傷痛，
梅爾就送了阿森給我。

這次跟威廉·
荷頓演對手戲，
感覺還好嗎？

一開始，我很高興能再見到
他。拍完《龍鳳配》之後，
我們就沒再見面了。
可是他在拍攝現場表現得
很難相處。

他還
愛著你？

我不知道。
我想，也許是吧……
他酒精成癮。

99　Richard Quine，1920～1989，美國導演、演員、歌手。
100　Deux Têtes folles，1964年出品的美國浪漫喜劇電影。
101　Jackie Kennedy，1929～1994，美國第35任總統約翰甘迺迪的夫人。

105 Jack Lemmon，1925～2001，美國知名影星，曾多次獲得奧斯卡獎並威尼斯影展、坎城影展、金球獎等多項影帝殊榮，1988年獲奧斯卡終身成就獎。

106 Felicia Farr，1932～，美國女演員、模特兒。

107 Capucine，1928～1990，法國女演員、模特兒。

1962年8月18日，傑克·李蒙[105]和費莉希亞·法爾[106]的訂婚派對。

卡波欣[107]，有心事啊？

我不知道該怎麼說……

呃，是這樣的，威廉·荷頓對我在言語間多有挑逗。我知道你跟他……

喔，我的好卡波欣，那都是過去的事了。已經九年了！

嗯……反正，你知道，我這邊是絕對沒有問題的。我們倆是朋友啊……

我知道，奧黛麗。我還是過不了這一關。

親愛的，你是個萬人迷超模，無可挑剔的演員。快快把蒙在臉上的那層哀傷陰影抹去吧。

巴黎郊區賃居的夏日別墅

你知道你的問題在哪兒嗎？

不知道，在哪兒？

全部都是！

對不起，我想說的其實是…… 一點問題都沒有。

別把劇中的台詞跟你心中真正所想給搞混了。

249

赫本女士，您怎麼能保持這樣的好心情，現在才清晨五點！

只是可憐那些狗仔，等在那裡肯定冷得要命。

習慣了，還有就是要保有良好的生活保健意識。

太棒了，沒有二話，就是太棒了！卡萊·葛倫[108]和奧黛麗·赫本，銀幕最強雙人組。

這是你毀掉的我的第二件西裝了！

蛤？

對，在那間餐酒小館。我打翻了我的紅酒杯，灑在你的淺色西裝上……

當時想到要跟你見面，我好緊張。

沒錯，還有我們初見面時的那件……

所以我才有了這段冰淇淋哏的靈感……

108 Gary Grant，1904～1986，英國電影演員。

1963年6月，喬治‧丘克執導的《窈窕淑女》製作初期。

我要所有的媒體都討論這部片。想辦法製造出茱莉‧安德魯絲[109]和奧黛麗之間的瑜亮情結。

是的，先生。

然後讓好萊塢的每位公民選邊站！是支持奧黛麗呢，還是茱莉！我要這個話題成為全民的唯一話題。

好的，華納先生。

啊，你來了！打一份合約給瑪妮‧尼克森[110]，她將在《窈窕淑女》裡代唱。

什麼？我以為是奧黛麗‧赫本要親自獻唱……

她的歌聲活像任丁丁在叫[111]！

我不管！我可是花了五百萬美金才買到這齣戲的改編權。

我們不能這樣對她。她每天花十二到十四個小時練唱。

風險太高！別再說了，不然你就回家吃自己。

是不是很美妙？

腹部更用力……

啊……！每發出這可怕的倫敦腔[112]，我就覺得自己又辜負了我父親一次。

109 Julie Andrews，1935～，英國演員、歌手、作家，獲獎無數。代表作有《真善美》和《歡樂滿人間》。
110 Marni Nixon，1930～2016，美國女高音，曾在多部歌舞片裡為女主角代唱。
111 Rin Tin Tin，《任丁丁的奇妙冒險》，是1920年代紅遍大街小巷的兒童劇集，主角是一隻德國牧羊犬，名叫任丁丁。
112 Cockney accent，又譯考克尼口音，是倫敦東部比較低下層階級的口音。

113 Cecil Beaton，1904
～1980，英國攝影
師，電影和舞台劇
的舞台和服裝設計
師。

那麼，麗茲呢？

泰勒？
57年的時候，替她拍過照。
我很不喜歡她那粗魯、庸俗的樣子，
等於是集結了英美兩地
最差的品味於一身。
她的胸部？碩大下垂的樣子
跟奶孩子的祕魯農婦沒兩樣……

楚門‧柯
波帝呢？

我認識他的時候，
他還自詡是隻漂亮小貓。
後來，他完全不打理他的外貌。
常常幾個月不刮鬍子，
不剪指甲。

我可是個天才。
不用再花時間找人了。
可惜我被迫自貶身價，
成為一個平庸的電影
從業人員。

塞希爾！你不能這麼說丘克。

塞希爾，你這個小壞蛋！
我都不敢想你心裡
是怎麼看我的。

甜心，我很毒舌我知道。
我對你的看法完全就是
我對媒體說的那樣。

快跑，多佛，
擺動你的大屁股！114

1964年8月14日，蘇黎世飛往都柏林的班機上。

還好嗎？

我不明白，你是怎麼找到他的？

我跟你說過了，多虧了紅十字會的協助。

可是，戰爭結束後，我拜託紅十字會找了好久，一直沒有消息。

那時候，人人都在找尋失散的親人，情況太混亂了。

258

都柏林舒爾本飯店

法利爾先生、夫人，歡迎來到愛爾蘭，很高興能在此接待二位。我們為兩位準備了本飯店最頂級的豪華套房。

親愛的，你有稍微睡一下嗎？

就像披頭四的歌：一個難熬的夜晚……

他在大廳等我們……

你會一直待在我身邊陪我，對吧？

你好，奧黛麗。

爸爸？

等一下。

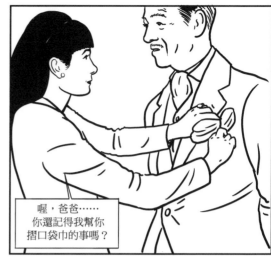

喔，爸爸……
你還記得我幫你
摺口袋巾的事嗎？

你叫我
迷糊小猴？

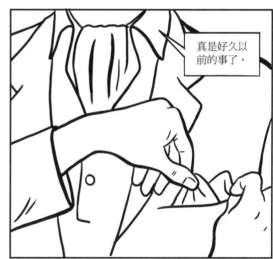

真是好久以
前的事了。

是啊，
很久很久了。

來，笑一個。

我真的需要擁有穩固的牆，
一棟讓我有歸屬感的家。

特洛什納鎮

找回過去的心靈平靜與和諧，
就像我小時候在肯特郡的巴徹爾家
所感受到的那樣。

這就是後來
瑞士特洛什納鎮的
「靜謐屋」

1965年4月5日，
聖塔莫尼卡市政禮堂，
奧斯卡頒獎典禮

記者在
聖塔莫尼卡市政禮堂
連線報導。

一年多來，
好萊塢各大八卦專欄都在議論兩個
女人，奧黛麗·赫本與茱莉·安德
魯絲之間的戰爭。
只可惜不能在電影《窈窕淑女》
裡看到了，這回她搭檔的是
雷克斯·哈里遜[115]。

隨即奧黛麗·赫本又捲入
另一宗八卦傳聞：
據傳聽聞她唱的主題曲遭
祕密替換成代唱瑪妮·尼克森
的版本時，驚怒不已。
現在要確認的是，
哪幾首歌被換掉？

你知道
全美國的媒體
都等著
看我們倆
大打出手……

茱莉·安德魯絲對戰
奧黛麗·赫本……

然後雷克斯·
哈里遜當裁判。

茱莉，我替你
感到高興。
你得獎的確
實至名歸。

謝謝你！
我們應該一同獲得這個獎的，
你把伊萊莎·杜里托[116]
詮釋得精彩絕倫。

115 Rex Harrison，1908～1990，英國電影演員，曾獲得奧斯卡最佳男主角獎。
116 Eliza Doolittle，《窈窕淑女》的女主角名字。

117 Yul Brynner：1920～1985，俄國裔美國演員，曾獲奧斯卡最佳男主角獎，代表作是《國王與我》。

118 Comment voler un million de dollars：1966年出品的喜劇片，服裝完全由紀梵希設計。

119 Peter O'Toole：1932～2013，英國演員，代表作《阿拉伯的勞倫斯》，2003年獲頒奧斯卡終身成就獎。

120 尤·伯連納給奧黛麗·赫本取的暱稱，因為她的臉型較方，此後，她給尤的信件都畫一個方形代替署名。

121 Voyage à deux：1967年出品的英國電影，講述一對結婚多年的夫妻感情逐漸轉淡，瀕臨婚姻觸礁的危機，為了挽回婚姻，兩人重回法國當年同遊的地方，尋找最初的愛。

1965年9月，法國布洛涅——比揚谷片場，
拍攝威廉·惠勒的《偷龍轉鳳》。

你們兩個是怎樣，
真讓人受不了！

等等，威利，
你讓我們在這個狹窄空間
裡拍戲拍了十一天，
我們才是真的受不了了！

幸好奧黛麗本人
和我想像中的
完全不一樣……

彼得，你這話
是什麼意思？

兩個頑皮鬼。

1968年5月，羅馬

巴黎發生了火災和示威遊行！

謝謝。

安德烈[123]。

我們計畫來一趟地中海郵輪之旅，或許一路玩到土耳其，一起來嘛。

我們已經組了很有趣的一團。

是啊，到時候，你也考完最後一科了！

也是，何樂而不為呢？而且還可以逃離羅馬這個大火爐。

123 Andrea Dotti，1938～2007，義大利精神科醫生，奧黛麗的第二任丈夫，為人風趣風流。

270

271

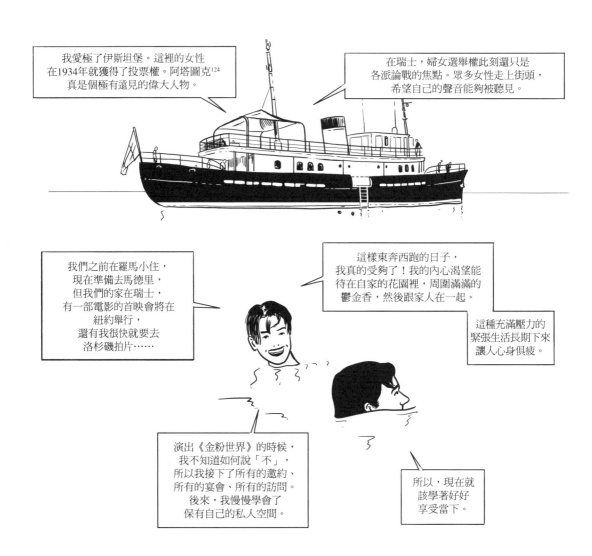

我愛極了伊斯坦堡。這裡的女性在1934年就獲得了投票權。阿塔圖克[124]真是個極有遠見的偉大人物。

在瑞士，婦女選舉權此刻還只是各派論戰的焦點。眾多女性走上街頭，希望自己的聲音能夠被聽見。

我們之前在羅馬小住，現在準備去馬德里，但我們的家在瑞士，有一部電影的首映會將在紐約舉行，還有我很快就要去洛杉磯拍片……

這樣東奔西跑的日子，我真的受夠了！我的內心渴望能待在自家的花園裡，周圍滿滿的鬱金香，然後跟家人在一起。

這種充滿壓力的緊張生活長期下來讓人心身俱疲。

演出《金粉世界》的時候，我不知道如何說「不」，所以我接下了所有的邀約、所有的宴會、所有的訪問。後來，我慢慢學會了保有自己的私人空間。

所以，現在就該學著好好享受當下。

我們之間相差九歲，你不怕嗎？

有什麼好怕。

那麼，我也沒什麼好怕了。

124　Mustafa Kemal Atatürk，1881～1938，土耳其政治家，土耳其共和國第一任總統，1934年修改憲法，讓婦女年滿21歲就有選舉權，年滿30歲有被選舉權，比許多西歐國家更早。

126 媒體給個個不同擄人要求贖金的黑幫的泛稱。
127 La Rose et la Flèche，1976年出品的英美浪漫冒險片。
128 Sir Thomas Sean Connery，1930～2020，蘇格蘭演員，獲美國電影學會終身成就獎。

秋

1980年夏，在康妮·沃爾德[1]位於洛杉磯的家中。

那麼，你覺得羅伯特這個人怎麼樣？

喔，少來。我看得出來誰是天造地設的一對。

康妮，你怎麼可以這麼問？他還在服喪。他才剛失去莫爾·勃朗[2]，而我，我跟老公也才分開沒多久……

義大利直麵、義大利細直麵、義大利粗直麵、通心粉、義大利餃……

威廉！就在昨天，我在餐廳吃飯，又有個笨蛋過來跟我大談《賓漢》。

如果有人在我吃飯的時候過來問我要你的簽名，我肯定會指著我的牛排大聲說：「嘿，有些人喜歡趁熱吃牛排！」

還有那批滿臉鬍鬚的毛頭小伙子，誰是誰我都分不清楚。什麼史匹柏、盧卡斯[3]還有那個誰。

柯波拉[4]嗎？別提了。他們對現有的體制毫無敬意。

你說得一口十九世紀的古典荷蘭語。

一定是我媽還有我外公教出來的。

戰爭初期，母親和我騎著一輛沒有輪胎的腳踏車逃離鹿特丹。我們一到鄉下，她找了一戶農家同意暫時收留我之後，她就回頭找我的姊姊。

---

1 Connie Wald，1916～2012，是美國電影編劇、製作人，傑瑞·沃爾德（Jerry Wald），的妻子。
2 Merle Oberon，1911～1979，英國女演員，她的丈夫是荷蘭演員羅伯特·沃德斯（Robert Wolders，1936～2018）。
3 George Walton Lucas Jr.，1944～，美國電影導演、製片人、編劇，代表史詩作品《星際大戰》。
4 Francis Ford Coppola，1939～，代表作品《教父》三部曲。

數週後，紐約皮耶飯店，彼得‧博格丹諾維奇[5]
執導的《哄堂大笑》[6]拍攝現場。

你呢，
停戰那天你還記得什麼？

自由夾雜著
英國香菸的味道，
還有巧克力，和嘔吐。

嘔吐？

是啊！英國士兵塞給我
滿滿的巧克力，還把我抬起來，
像個獎盃似的拋向天空。
等我一轉身背對他們，我就吐了。
我的身體已經無法習慣吃進
那麼多的食物。到現在還是一樣。

安德烈呢？

他喜歡交遊廣闊，喜歡出門，
而我，我喜歡待在家裡。
最後，在狗仔跟恐怖分子
的夾擊下，我離開了羅馬，
去了瑞士。

梅爾呢？

不曾再見面了。不過他
把兒子照顧得非常好。

女士點的麵，
雙人份。

我沒辦法
一個人去。

我陪你。
你再也不會一個人了。

5 Peter Bogdanovich，1939～2022，塞爾維亞裔美國導演、作家、製片。
6 Et tout le monde riait，1981年出品的美國浪漫喜劇。

1980年10月16日，都柏林，奧黛麗父親的喪禮。

1981年2月6日，華盛頓，隆納·雷根總統在白宮舉行晚宴，威爾斯親王亦是座上賓。

莫爾日市的市集

1983年4月13日，東京，參加紀梵希的時尚秀。

在靜謐屋家中

1984年8月26日，靜謐屋

唉，我的母親不懂得如何去愛，
或許是教育的問題。
我這一輩子，從她口中聽到
的讚美都像是指責。

幸好，
蜜椰詩阿姨
比較溫暖。

我還是無法相信！
把自己的遺體捐給科學
研究，多令人欽佩！

她信奉基督教科學主義……男士
們，我跟你們說過我還是小寶寶
的時候，差一點死掉的事嗎？

沒有……

1986年3月24日，第五十八屆奧斯卡頒獎典禮

我好緊張。

跟以前一樣，你將驚豔全場。

太棒了　拍手！　拍手！　太棒了

拍手！　拍手！　拍手！

原本單純的頒獎者身分，轉瞬成為全體起立喝采的焦點！

拍手！　拍手！　拍手！　拍手！

拍手！　拍手！　拍手！　拍手！　拍手！

謝謝，謝謝大家……

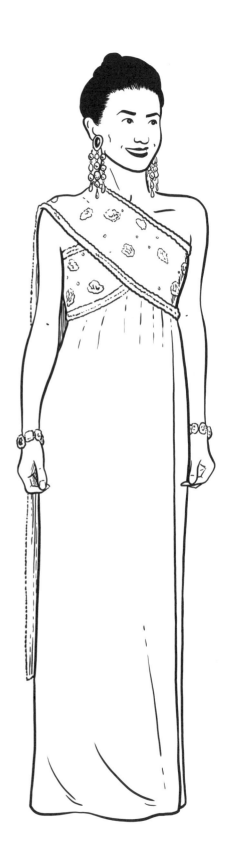

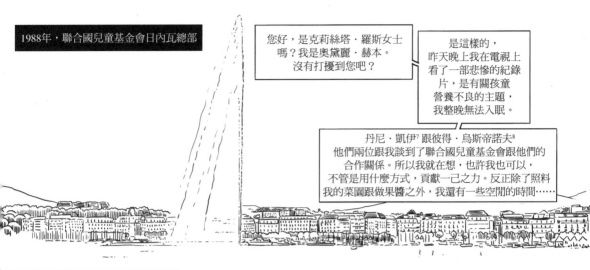

1988年，聯合國兒童基金會日內瓦總部

您好，是克莉絲塔·羅斯女士嗎？我是奧黛麗·赫本。沒有打擾到您吧？

是這樣的，昨天晚上我在電視上看了一部悲慘的紀錄片，是有關孩童營養不良的主題，我整晚無法入眠。

丹尼·凱伊[7] 跟彼得·烏斯帝諾夫[8] 他們兩位跟我談到了聯合國兒童基金會跟他們的合作關係。所以我就在想，也許我也可以，不管是用什麼方式，貢獻一己之力。反正除了照料我的菜園跟做果醬之外，我還有一些空閒的時間……

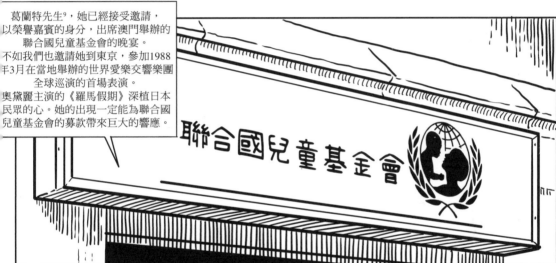

葛蘭特先生[9]，她已經接受邀請，以榮譽嘉賓的身分，出席澳門舉辦的聯合國兒童基金會的晚宴。不如我們也邀請她到東京，參加1988年3月在當地舉辦的世界愛樂交響樂團全球巡演的首場表演。奧黛麗主演的《羅馬假期》深植日本民眾的心。她的出現一定能為聯合國兒童基金會的募款帶來巨大的響應。

聯合國兒童基金會

好，我們就試試看。請跟紐約辦事處聯繫一下，他們正在草擬她的講稿，剩下的就由我們來負責。之後再看成效如何。

7 Danny Kaye，1911～1987，美國演員、歌手、舞者。
8 Peter Ustinov，1921～2004，英國演員、編劇、製片。
9 詹姆士·葛蘭特（James P. Grant），時任聯合國兒童基金會執行主任。

奧黛麗，太瘋狂了！你昨天的現身宛如引發了一場大海嘯。東京的媒體記者蜂擁著要參加記者會。外頭聚集了上百名記者。我們在最後一分鐘爭取到了飯店內最大的宴會廳場地。

親愛的克莉絲塔，那麼我昨天的演說並沒有給你帶來困擾嘍，我有那麼一點……怎麼說呢……

真情流露？

對聯合國兒童基金會來說，資金的勸募是持續不斷的。

當然，我已經準備運用我的名氣來為這個美好高尚的目標貢獻一份心力。如果我們不好好保護自己的孩子，我們這個世界會變成什麼樣？

下一個問題？

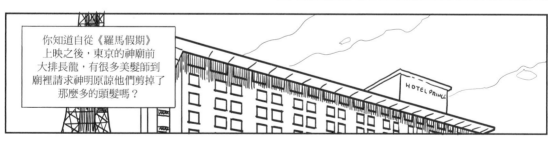

你知道自從《羅馬假期》上映之後，東京的神廟前大排長龍，有很多美髮師到廟裡請求神明原諒他們剪掉了那麼多的頭髮嗎？

HOTEL PRINCE

世界各地都希望你能到訪！我們在土耳其、衣索比亞的無線電台也希望你能過去。紐約辦事處則希望你能擔任他們的親善大使。

你的夢想成真了。

10 Armée du Salut，1865年由英國循道會牧師在倫敦成立的慈善組織，自稱是「以愛心代替槍炮的部隊」。

11 Bob Geldof，1951～愛爾蘭創作歌手、演員，代表歌曲〈Do they know it's Christmas?〉。最為人知的就是主辦了1985年，長達十六小時，跨越大西洋兩岸的慈善義演「Live Aid」。

288

289

阿斯馬拉[12]，尼亞拉飯店

一想到這座城被認為是非洲最美城市，就感到不可思議。

在內戰爆發之前，的確是的，沒錯。

缺水沒有影響您盥洗吧？

您知道的，親愛的約翰，大戰結束時，羅比和我也經歷過沒水沒電沒食物的慘況。

艾薩克先生，您一直都在聯合國兒童基金會擔任攝影師嗎？

是啊，我報導過黎巴嫩、越南的船民[13]和伊朗。沒有影像，戰爭的慘烈無法激發起大眾的良知覺醒，儘管如此，我會盡可能讓那些被拍攝的人不覺得自己失去了尊嚴。

我有注意到，您的拍攝方法的確顯現出善意，而且非常人道。

看到那些因為政治團體而受苦受難的平民百姓和孩子們，我很激動。他們根本什都沒做。

就像當時的荷蘭一樣。我們什麼也沒做，德國就入侵了荷蘭，盟軍就連番來轟炸。

你在想什麼？

該如何做才能防範這類的慘劇發生？那些母親想為孩子們挖的是水井，不是墓坑啊。

12 Asmara，東非國家厄利垂亞的首都，有聯外幹道直通衣索比亞首都。
13 boat people，越南戰爭結束後，乘船離開越南的難民，後來泛指1975～1995年間大規模逃離家園的越南人。

1989年4月19日，
CNN賴瑞·金[14]專訪。

我們從紐約直播，歡迎奧斯卡得主奧黛麗·赫本！
您剛剛結束了新任務，自蘇丹歸來。
那裡的難民營情況如何？

賴瑞，該國爆發內戰，
那裡的情況簡直像是末日煉獄。
居民被迫離家，漫無目的地走上逃難之路，
最終餓死在路上。

該國南部急需糧食與藥物，
而且必須在雨季來臨之前送過去。
大家必須坐下來商討停戰。兒童樣樣都缺。
他們深受貧血之苦……
為什麼沒有媒體願意報導他們的故事呢？

直到去年為止，
該國仍禁止媒體入境。
沒有影像，
我們沒有辦法深入專題報導。

媒體討論得愈多，對他們愈好。
那裡可說是在進行一場種族大屠殺，
大批大批的孤兒逃往衣索比亞，
為數眾多的孩子死在路途中。

我曾碰見一名少年，他有貧血、呼吸道以及營養不良
所導致的水腫等毛病。他才十四歲，
大戰結束時，我也是十四歲。

14 Larry King：1933～2021，電視節目主持人。

隨聯合國兒童基金會，
馬不停蹄的奔走。

1988年4月23～26日，土耳其

土耳其，為了順利完成防疫計畫，
軍方派了軍用卡車供聯合國兒童基金會調度。
魚販們貢獻他們的推車協力運送疫苗。
在短短十天之內，
完成了全國施打疫苗的計畫，大獲成功。

1988年10月15～18日，委內瑞拉

1988年10月19～29日，厄瓜多

1989年11月29日，聯合國大會

1989年4月6日，白宮

白宮的晚宴上，布希總統
就坐在她的右側。隔天，
她會見了第一夫人
芭芭拉·布希。

1989年2月5～13日，
墨西哥暨中美洲

記者暱稱她是：
「穿著破爛牛仔褲的泰瑞莎修女」，
或是「聖女奧黛麗」。

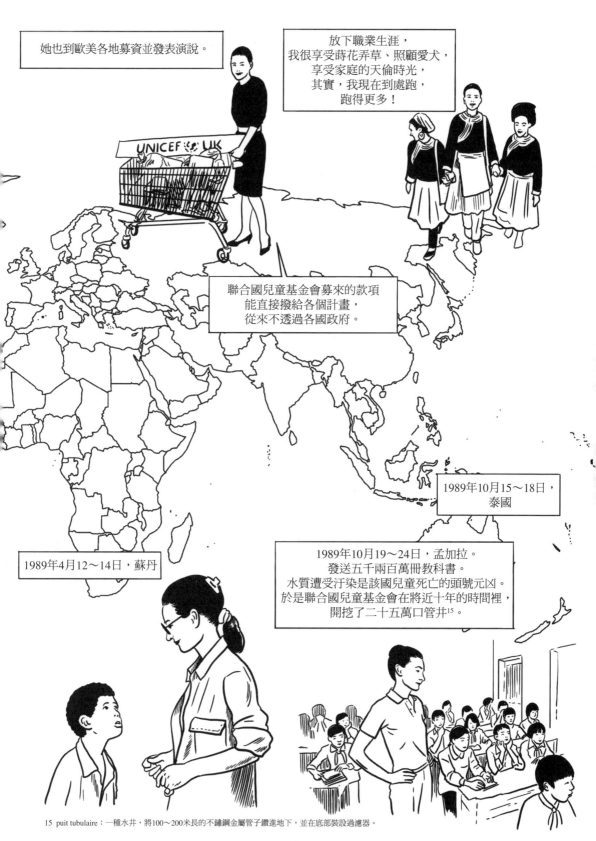

她也到歐美各地募資並發表演說。

放下職業生涯，
我很享受蒔花弄草、照顧愛犬，
享受家庭的天倫時光，
其實，我現在到處跑，
跑得更多！

聯合國兒童基金會募來的款項
能直接撥給各個計畫，
從來不透過各國政府。

1989年10月15～18日，
泰國

1989年4月12～14日，蘇丹

1989年10月19～24日，孟加拉。
發送五千兩百萬冊教科書。
水質遭受汙染是該國兒童死亡的頭號元凶。
於是聯合國兒童基金會在將近十年的時間裡，
開挖了二十五萬口管井[15]。

15 puit tubulaire：一種水井，將100～200米長的不鏽鋼金屬管子鑽進地下，並在底部裝設過濾器。

295

1989年夏，奧黛麗在史蒂芬・史匹柏
執導的《直到永遠》中客串
守護天使哈普一角。

1992年索馬利亞之行

底下就是從奇斯馬約[16]
遷移過來的人民所
聚居的難民營。

旁邊那片起伏的
土地是什麼？

墳地。

16　Kismaayo，索馬利亞南方濱印度洋城市，索馬利亞在1991年爆發內戰至今未休，
　　該城即淪為各方軍閥勢力混戰之地。

什麼？那麼一大片，
看不到盡頭……

我肚子
很不舒服。

你抗生素
吃了嗎？

吃了。但是沒有效。
別擔心，我想大概是
某種細菌感染。

這裡是人間煉獄。

安靜得讓人受不
了。難道上帝忘了
世間還有索馬利亞
這個地方嗎？

我們宛如置身
噩夢之中。
實在是太悲慘了。
我沒想到會是這樣……

1992年10月30日，洛杉磯西達醫院

醫生，
您好，
怎麼樣？

第一次手術沒辦法拿乾淨。
腫瘤已經發展到相當末期的階段。
赫本女士只剩下幾個星期的時間……

西恩，她最後的願望
是回到靜謐屋
度過餘下的日子。

她可能沒辦法
乘坐一般的
商業班機。
現下，你們先
待在家裡……

謝謝你，
康妮。

于貝爾‧紀梵希先生
剛剛打電話來。
他有位客戶願意派他的專機
過來接她回瑞士，
以完成她的心願。

喔，我的好康妮……

奧黛麗，多虧了你的施壓和奔走，
美國軍方終於同意幫忙送糧食和生活所需
等基本物資到索馬利亞。

太好了，
我的那些可憐的
孩子。

媽媽，你看，
是阿爾卑斯山，
我們就要到瑞士了。

1992年12月20日，日內瓦機場

我們
回家了。

GENÈVE

1992年12月24日，靜謐屋。
在家中度過最後一個聖誕節。

1993年1月20日，晚間七點

她在聯合國兒童基金會安排的
最後幾次訪談中，引用了好幾次
山姆·萊文森的一首詩。

要有漂亮的嘴唇，
請只說溫言良語。

要有漂亮的眼睛，
請只看人的善與美。

要有苗條的身材，
請與飢民分享餐食。

要有漂亮的頭髮，
請讓孩子每天用手輕拂。

要有挺直的脊梁，
請謹記你永遠都不會是一個人，大步向前。

人，較之於萬物，
更需要修復，翻新，重振，
再運用以及再回購。

告訴自己，哪一天你需要援手時，
在你手臂所及之處便能拉到一隻手。

隨著你慢慢老去，你將發現你原來有兩隻手：
一隻用來幫助自己，另一隻用來幫助有需要的人……

奧黛麗・赫本
長眠於瑞士特洛什納鎮墓園。

附錄

細說一段傳奇

奧黛麗·赫本么兒專訪

我們衷心感謝盧卡·多蒂——奧黛麗·赫本與安德烈·多蒂的兒子。
感謝他的慷慨、尊重，以及在這本書的創作期間，他所撥出的時間與熱烈襄助。
他放心地開啟家族檔案深鎖的門。親愛的讀者，在這本圖畫書的結尾，
有什麼比讓大家分享他的一些記憶片段更棒的安排呢。

您的母親與她的父母之間關係如何？

　　想要了解媽媽這個人和她做的選擇、她的志向，一定要先了解她的雙親。她的父親約瑟夫·維多·安東尼·路斯頓出生於波希米亞地區，她的母親艾拉·范海姆斯特拉出身荷蘭貴族世家。他們相識於荷屬東印度群島的首都雅加達（Batavia）。他們的野心、挫折感跟他們之間的愛情同樣熾烈。約瑟夫看中了妻子娘家可能提供的財富，當成他東山再起的手段。至於她，她在這個花花公子、馬球球手的身上看見了離開東印度群島回到比利時的方法，我母親就是在比利時出生的，1929年的5月4日。

媽媽深愛她的父親，從來沒有想過約瑟夫的揮霍與拋棄將扼殺掉她的美好歲月。他甩上了門，什麼都沒說，就此離開，也永遠地撕碎了她的心。媽媽才剛滿六歲吧，就被送進肯特郡的一所學校，在那裡，她稍微回到正軌，交了朋友，跟洋娃娃玩，她還發現了她終生摯愛的志趣，先是芭蕾舞，然後是動物與大自然。

她是怎麼放棄成為芭蕾名伶的夢想？

她小時候跟隨諾拉・雷格登學習芭蕾，她是她的啟蒙老師，也是經營學校的家族姊妹當中的一個。老師覺得她極具天賦，希望她能進入倫敦的皇家芭蕾舞團（Royal Ballet）學習。但戰爭改變了一切。「飢餓寒冬」時期，她嚴重營養不良，而深陷在1944～1945年荷蘭的德國占領區，情況更是雪上加霜。之後，戰爭結束，為了賺錢，她被迫中止舞蹈訓練。沒能成為當時看似是她一生志向的芭蕾舞名伶，她一直覺得非常遺憾。她從來不提自己身為演員的成就，反而老是說自己是個失敗的芭蕾舞者。她非常欽佩那些舞者，欽佩他們的藝術成就與他們的毅力。

除了舞蹈和電影，她這一生當中，還培養了其他的志趣。這些又是怎麼來的呢？

這些都是透過另一個家庭發現的，巴徹爾家，也就是在學校放假時招待她的那家人。巴徹爾先生是名礦工，愛狗，養金絲雀；媽媽很快地就喜歡上了這些不會為自己發聲的生物，在牠們身上看見比人類更多的同理心。巴徹爾太太傳授她對花草植物的愛，它們儘管脆弱，卻是美麗與生命力的源頭。那段時期，她留下的少數相片中，可以看到她寫下：「與巴徹爾一家，我好快樂」（With the Butchers, where I was so happy）。芭蕾舞的夢想雖然已經遙不可及，但她把肯特郡那些年的時光搬到了瑞士的靜謐屋，在那裡營造一個平靜的安全港，照顧她的花園、她的家、她的狗，還有我們，她的孩子。

她的母親有時候會叫她「醜小鴨」，這是真的嗎？

　　是的，「醜小鴨」或是「奧莉薇」（Olive Oyl）。她把她比作卡通大力水手卜派（Popeye）的女朋友，很高，很瘦，又沒什麼氣質。這樣的評論造成她缺乏自信，或許因此導致她害怕登台。她常說：「童話故事裡，醜小鴨會變成天鵝，我不會。」她只在意那些記者對她的批評，例如脖子太長等其他外表的不完美，以至於她完全忽略了同一篇文章裡對於舞台上的她的讚美，足以讓人忘掉這些小瑕疵的精彩演出。最終，她的蛻變不是透過舞蹈，而是電影。

她跟你們講過二次大戰期間，她年少時在阿納姆市發生的事嗎？

　　是的。她經常回想起那場戰爭——那頭奪走她一切的怪物——還有她的哥哥、朋友、童年時光。人們會習慣戰爭的存在，認為戰爭只會持續個一兩個月，結果打了五年。人們盡可能地維持日常的生活，正常出門、上學、上芭蕾舞課、騎單車、冬天還去滑冰。當然她也提過天寒地凍的天氣、物資匱乏、飢餓、戰車與炸彈。最後那幾個月，為了生存，只能猛喝水才能讓胃有飽足感，還有硬著脖子吞下用鬱金香球莖粉煮出來的恐怖濃湯。終其一生，她一看到球莖甘藍就怕。最後，她終於獲救，還有她的母親和她最愛的阿姨，她的哥哥們也都平安地歸來。白天裡，這一切似乎只是亟待忘卻的一段過去，到了夜裡，卻是糾纏不休的噩夢。日子終是要過下去的，只是仇恨的氣味始終揮之不去。

她的人生蓬勃開展，而且是一段多麼不平凡的人生！好萊塢、巴黎、電影與時尚。

　　她知道只要保留美好的記憶就好。在洛杉磯，有好多她稱為「朋友」的工作夥伴給她一切所需要的指導，那是她的第二個家，這個大家庭選了她成為其中的一分子，給了她獨立自主的機會。她常常說她能來到這世上有點僥倖，不過，能夠跟一流的電影從業人員、編劇與合作演員們一起工作則是莫大的幸運。雖然拍攝時期每天凌晨五點就要起床，而且壓力沉重，但她覺得自己是被愛的。我的母親總是說：「有些人是真正的藝術家，有些，像我，則得凌晨五點起床才能夠達到這樣的級別。」就算已經走到了職業生涯的後期，她始終有個心結，認為自己不是表演科班出身，深怕自己表演得不到位。史蒂芬‧史匹柏邀請她客串的時候，她驚訝得無法置信。我們一起去電影院看《E.T.外星人》，影片放映時她一直抓著我的手：「他是個天才，能講出這麼美的故事，而他竟邀我到他的影片客串一角。」她喜歡看電影，戰爭片和恐怖片除外。有時候，她會突然驚叫：「啊，那是我朋友亞歷！」就是在看《星際大戰》（La guerre des étoiles）的時候，我媽媽跟歐比王‧肯諾比（Obi-Wan Kenobi）是好朋友？她認出亞歷‧堅尼斯了，她在1951年時跟他合作過電影《雷文坡的匪徒》（De l'or en barres）。巴黎，可以說比好萊塢更重要些。她在那裡拍了許多部片，特別是在那裡認識了于貝爾‧德　紀梵希，他的才華和友誼讓她從醜小鴨變成了天鵝。她成了時尚的代言人，成百上千的雜誌邀她拍照。儘管如此，她始終認為大眾很快就會忘了她這個女演員。她過世的前後四十八小時，我們在瑞士的房子前後擠滿了記者、攝影師，有時舉止非常無禮。有些人爬上矮牆，緊盯屋內的一舉一動，高舉單眼鏡頭不放過我們的任何一滴眼淚。我跟我哥此刻才真切地體會到母親的重要性。她的死將她從好萊塢巨星的身分一舉推升到聖像的層級。

愛情方面呢？

　　往往無法開花結果，好比她早年的最愛，也就是她對父親約瑟夫的愛。我找到了一封她在1963年時寫給她父親的信，差不多就是她終於在愛爾蘭找到他的那個時候，內容非常感人。她完全原諒他了，還說她之所以這麼努力，就是希望能讓他為她感到驕傲，就像十一歲時那次一樣。當時，她從一匹對她來說明顯過於狂野的馬上摔下來。媽媽是想給他一個驚喜，他呢，那時，其實已經決定拋下她了。或許就是因為這樣，她想像中的婚姻是傳統式的。她曾說：「等我結婚後，我一定要成為賢妻良母。」兩次的婚姻，她都選擇冠上夫姓，放棄自己原本的姓氏，然而就跟約瑟夫一樣，他們終究只維持了一段表面關係。全部，除了最後一位，羅伯特‧沃德斯，他們是朋友，也是工作上一起冒險的夥伴（聯合國兒童基金會的任務經常帶有高度危險性）。他跟其他人不一樣，他們有共同的志趣，不會利用對方滿足自己的野心。

朋友圈呢？

　　儘管我的父母之間存有許多歧異，他們卻有一個共通點：非常看重朋友。媽媽會把朋友做地域區隔，而爸爸則樂於介紹他的朋友給大家認識。於是，桃樂絲是她在瑞士的閨密；洛杉磯有康妮；羅馬有雅拉貝拉‧溫嘉羅（Arabella Ungaro）和蘿拉‧阿爾貝堤（Laura Alberti）；巴黎有于貝爾‧德‧紀梵希。但她最喜歡膩在一起的朋友就是我們，她的孩子。

對您來說，她是怎樣的母親？

她非常重視她的工作，但從來不後悔中斷事業，將生命中最美好的那段時光獻給我們。她不是嚴厲專斷的母親，她做出的每一個決定，都會把理由一一說明給我們聽，也很喜歡聽我們說。

媽媽親手挑選建立了一個非典型的大家庭，給其他女人保留了一定的位置，她們也都是我們的朋友，我們的母親。好比裘凡娜·歐惠尼蘇（Giovanna Orunesu），她來自薩丁尼亞島上的一個貧瘠小村莊，十足像是從費里尼的電影裡走出來的女人，因為長期用頭頂著水壺打飲用水，以至於頭頂都被壓平了，但她深深引以為傲。廚房是她的王國，她不喜歡我媽在裡面探頭探腦，那會讓她覺得媽媽想將她拉下她的王位。比起明明就在她眼皮子底下發生的真實現況，裘凡娜更相信那些老愛寫我母親憂鬱崩潰，或是即將搬到這裡或那裡的八卦小報新聞。她總是自信滿滿地開著她那輛飛雅特500（Fiat）小車，準時七點到湖邊接我們回家。按照媽媽的說法，少了「她的裘凡娜」，她連一個星期都活不下去，結果媽媽過世後幾個月，裘凡娜也跟著她去了。

另一位裘凡娜的復刻版，也就是我的第三位母親，名叫英格西雅·德·拉·羅莎（Engracia de la Rocha）。如果說在家裡處處看得到裘凡娜，那英格西雅，她呢，則可說是隱形人，她總裝成一副傻大姊的模樣，這樣反而更能保有自己的空間。不過，家裡的什麼事都瞞不過她，也逃不過她的法眼。她有著滿滿的憐憫之情，只要一個眼神，她就懂了。英格西雅是西班牙人，來自托雷多[1]，那是一個不可思議的城市，河流中穿將之一分為二，那城市跟她一樣，擁有兩個身分認同。她跟裘凡娜不一樣，媽媽過世後，她還活了好多年。她從母親的助人利他主張中獲得啟發，在西班牙創設經營慈善機構。我最後一次見到她的時候，她跟我說她罹患了跟媽媽一樣的癌症，但她戰勝了病魔，她說：「我每天向聖母祈禱，你的母親顯然禱告得不夠勤。」

您寫了一本書《奧黛麗·赫本：甜蜜的日常，美味的記憶》（Audrey at Home），精選了一些她的食譜。她的廚藝怎麼樣？

在羅馬的時候，想外出去餐廳吃飯非常困難，因為到處都是狗仔。這樣也好，反正媽媽喜歡待在家裡。就算她已經盤算好要做什麼了，她還是會問我們晚餐想吃什麼：「牛排？這是個好點子。不過，今天晚上我已經準備好要燒魚了吧？」她跟梅爾·法利爾結婚時，收到了一本附帶食譜的烹飪書。當時那個年代，年輕的新嫁娘必要會討丈夫歡心，而且要知道如何接待客人。她有自己的拿手菜，也跟著歲月逐漸改良。她喜歡義大利菜，簡單，然後搭配當季食材。盤子裡的菜色彩繽紛，那是要吸引我們吃蔬菜的策略。她的朋友都很嫉妒她，因為她常吃下好幾份的義大利麵，卻怎麼吃都不會胖。正餐之間，她很少吃零食。在特洛什納鎮的時候，媽媽用餐有固定的一套儀式：晚餐前一杯威士忌，飯後一根瑞士Frigor巧克力。

1 Tolède，西班牙中部自治區首府，是座歷史悠久的古城，位於馬德里西南方約70公里處。

「靜謐屋旁，有一棵大柳樹，媽媽非常喜歡。這株柳樹在媽媽罹病離世前不久，染病死了。在她出發前往索馬利亞的前夕，打電話給我，電話中她的語氣消沉得讓我害怕。得知她是因為那棵柳樹才如此，我大大地鬆了口氣。我把這件事說給她聽。她跟我說，對她來說，那株柳樹是個很好很好的忠實老友。」

「要知道，野鴨選擇來靜謐屋棲息，這麼單純的一件小事卻讓媽媽感到好快樂。她的房子成了避風港，就像她一直以來所希望的那樣。她也會到泳池裡跟綠頭鴨一起玩水。」

後來，在她人生的最後幾年，以聯合國兒童基金會的親善大使身分，走遍了世界各地，其中包括許多戰火綿延的國家。如此全心投入公益的熱忱是怎麼來的呢？

她從來沒有忘記聯合國善後救濟總署——也就是聯合國兒童基金會的前身——在二次大戰結束時，帶給她的援助。他們給她巧克力，吃下去她馬上就吐了，因為她的胃已經無法適應食物。

她曾有過水腫、黃疸、貧血的毛病。跟著聯合國兒童基金會到訪那些國家，在那裡的兒童身上，她看到了同樣的病症。從她開啟演藝生涯之初，便一直與人道組織合作，不論是紅十字會、無國界醫生或是世界兒童權利組織[2]。早在《金粉世界》舞台劇演出時期，她就已經舉辦過一些特別活動為荷蘭募集資金。跟聯合國兒童基金會合作的最後幾年，她非常清楚自己在媒體的高能見度，所以心裡想的都是該如何做才能掌握每個主題的所有細節。她不願在帶她前往當地的飛機航行時間裡聽簡報就好。就像在好萊塢時，她每天清晨五點起床，在筆記本裡寫滿密密麻麻的筆記一樣。她始終保持著一種小兵的態度。我一直覺得她在聯合國兒童基金會的投入程度遠遠超過單純的想去幫助人這麼簡單。這也是一種把戰爭記憶從她腦海驅除出去的方法，往善惡天平的善的那一端，多添加一些重量。

有一次，她要求前往孟加拉，此舉打亂了聯合國兒童基金會原本安排的計畫。其實是亨利·季辛吉當時宣稱該國無可救藥了。但在她心裡，始終認為一定還可以再做些什麼。多虧她前往探訪，防疫和疫苗注射活動獲得極大的成功。

後來，她生病了，隨聯合國兒童基金會最後一次訪視索馬利亞結束的隔天，她發現自己罹患了癌症。癌症在1993年1月20日奪走了她的生命，享年六十三歲。

她抱怨腹部疼痛，其實已經有好一陣子了。她做了所有的相關檢查，就是什麼都沒發現。雖然身體疼痛，她還是不願中斷她在索馬利亞的任務。她回來後，立刻取消她和羅比難得的度假行程，動了第一次手術。儘管她神態充滿了信心，但我從她的眼裡清楚地看到，一切都結束了，她自己也知道。第二次的手術確認了這個事實，唉，也向世人公開了。她回到瑞士，在靜謐屋家中度過了人生的最後一個聖誕節。雖然病痛纏身，媽媽仍堅持不讓我中斷在米蘭的第一次實習工作：「我一輩子工作，為的就是栽培你獨立成人。週末再回來跟我講發生的一切事情，你這樣做我就感到很快樂了。在這裡養病所需要的東西，我都有了。」她把照護員的角色交給了我哥。他閱覽群書，到處打聽，希望能找到治療的方法，雖然明知希望渺茫。聖誕前一天的晚上，她奮力地從房間走下來，跟我們待了一小段時間。

她過世後，我才明白桃樂絲·伯連納之所以暱稱她「小方」的原因，其實不僅僅是因為她的臉型，還暗指了她的組織力與律己。她跟我們——我哥和我——道別。她最掛心的是：一定要確保她已經做好了母親的分內工作。這樣一來，今後就算少了她，我們也能做得很好。

---

2 Terre des hommes，1960年在瑞士洛桑成立的非政府非營利組織，以兒童健康與保護兒童為主要目標。

舞 台 劇

1948年：《高跟鈕扣鞋》（High Button Shoes），胡爾・斯泰恩（Julius Styne，1905～1994，英國作曲家，以多部百老匯音樂劇而知名）作品

1949年：《韃靼醬》（Sauce Tartare），塞希爾・藍德羅作品

1950年：《辣醬》（Sauce Piquante），塞希爾・藍德羅作品

1951～1953年：《金粉世界》（Gigi），雷蒙・魯洛（Raymond Rouleau，1904～1981，比利時演員、導演）執導，改編自科萊特小說

1954年：《美人魚》（Ondine），阿佛雷・倫特執導，改編自尚・季洛杜（Jean Giraudoux，1882～1944，法國二次大戰期間重要的小說家、劇作家、外交官）小說

電 影 作 品

1948年：《荷蘭七課》（Le Néerlandais en sept leçons / Nederlands in 7 lessen），查爾斯・胡格諾・范德林登（Charles Huguenot van der Linden，1909～1987，荷蘭導演）作品

1951年：《野燕麥》（Une avoine sauvage / One Wild Oat），查爾斯・桑德斯（Charles Saunders，1904～1997，英國導演、編劇）作品

1951年：《天堂笑語》（Rires au paradis / Laughter in Paradise），馬里奧・贊皮（Mario Zampi，1903～1963，義大利電影導演、製片）作品

1951年：《少婦軼事》（Histoire de jeunes femmes / Young Wives' Tale），亨利・凱斯（Henry Cass：1903～1983，英國演員、導演）作品

1951年：《雷文坡的匪徒》（De l'or en barres / The Lavender Hill Mob），查爾斯・克瑞奇頓（Charles Crichton，1910～1999，英國導演、編劇）作品

1952年：《雙姝艷》（Secret People / The Secret People），索羅爾德・狄金森作品（Thorold Dickinson）

1952年：《蒙地卡羅寶貝》（Nous irons à Monte-Carlo / Monte Carlo Baby），讓・鮑耶（Jean Boyer，1901～1965，法國導演、作曲家）作品

1953年：《羅馬假期》（Vacances Romaines / Roman Holiday），威廉・惠勒作品（William Wyler）

1954年：《龍鳳配》（Sabrina / Sabrina），比利・懷德作品（Billy Wilder）

1956年：《戰爭與和平》（Guerre et Paix / War and Peace），金・維多爾作品（King Vidor）

1957年：《甜姐兒》（Drôle de frimousse / Funny Face），史丹利・杜寧作品（Stanley Donen）

1957年：《黃昏之戀》（Ariane / Love in the Afternoon），比利・懷德作品（Billy Wilder）

1959年：《綠廈》（Vertes Demeures / Green Mansions），梅爾・法利爾作品（Mel Ferrer）

1959年：《修女傳》（Au risque de se perdre / The Nun's Story），佛烈・辛尼曼作品（Fred Zinnemann）

1960年：《恩怨情天》（Le Vent de la plaine / The Unforgiven），約翰・休斯頓作品（John Huston）

1961年：《第凡內早餐》（Diamants sur canapé / Breakfast at Tiffany's），布萊克・愛德華作品（Blake Edwards）

1961年：《雙姝怨》（La Rumeur / The Children's Hour），威廉・惠勒作品（William Wyler）

1963年：《謎中謎》（Charade / The Charade），史丹利・杜寧作品（Stanley Donen）

1964年：《巴黎假期》（Deux Têtes folles / Paris When it Sizzles），理查・奎因作品（Richard Quine）

1964年：《窈窕淑女》（My Fair Lady / My Fair Lady）喬治・丘克作品（George Cukor）

1966年：《偷龍轉鳳》（Comment voler un million de dollars / How to Steal a Million），威廉・惠勒作品（William Wyler）

1967年：《儷人行》（Voyage à deux / Two for the Road），史丹利・杜寧作品（Stanley Donen）

1967年：《盲女驚魂記》（Seule dans la nuit / Wait Until Dark），泰倫斯・楊（Terence Young，1915～1994，英國知名導演，多次執導007系列電影）作品

1976年：《羅賓漢與瑪麗安》（La Rose et la Flèche / Robin and Marian），理查・萊斯特（Richard Lester，1932～，美國導演）作品

1979年：《朱門血痕》（Liés par le sang / Bloodline），泰倫斯・楊作品（Terence Young）

1981年：《哄堂大笑》（Et tout le monde riait / They All Laughed），彼得・博格丹諾維奇作品（Peter Bogdanovich）

1987年：《竊賊之愛》（La Rançon mexicaine / Love Among Thieves），羅傑・楊（Roger Young）電視影片作品

1989年：《直到永遠》（Always / Always），史蒂芬・史匹柏作品（Steven Spielberg）

奧 黛 麗 · 赫 本
聯合國兒童基金會永遠的親善大使

奧黛麗·赫本是第一位全心投入聯合國兒童基金會活動的國際巨星。她為兒童奔走，最終成為她這一生的最高使命。她的全心投入與她個人的經歷息息相關。戰後的她，曾是聯合國兒童基金會伸手援助的兒童，這一點，她始終未曾忘懷。

打從1988年獲任命為親善大使開始，一直到1992年，奧黛麗·赫本多次往返世界各地（衣索比亞、肯亞、孟加拉），實際與當地的孩童接觸，並為他們發聲。

奧黛麗·赫本一直以來不斷地努力將國際社會的目光吸引到這些脆弱的孩子身上，將他們悲慘的情況公諸於世，讓媒體感同身受地報導他們面臨的危機。她這一生，分分秒秒都在為了孩童奔走。 任何時刻都在為那些沒有人聽得見的孩子們發聲。 離開人世三十年了，她的傳奇與無可抹滅的光輝持續閃耀。

討論區 051

奧黛麗・赫本（傳記漫畫）

作　　者｜艾琳・霍菲（Eileen Hofer）／克里斯多福（Christopher）
譯　　者｜蔡孟貞

出 版 者｜大田出版有限公司
台北市一〇四四五 中山北路二段二十六巷二號二樓
E - m a i l｜titan@morningstar.com.tw　http://www.titan3.com.tw
編輯部專線｜(02) 2562-1383　傳真：(02) 2581-8761

總 編 輯｜莊培園
副總編輯｜蔡鳳儀
行銷編輯｜張筠和
行政編輯｜鄭鈺澐
校　　對｜黃薇霓／蔡孟貞
內頁美術｜陳柔含

初　　刷｜二〇二四年六月一日　定價：六五〇元

網路書店｜http://www.morningstar.com.tw（晨星網路書店）
TEL：(04) 23595819 FAX：(04) 23595493
購書 Email｜service@morningstar.com.tw
郵政劃撥｜15060393（知己圖書股份有限公司）
印　　刷｜上好印刷股份有限公司
國際書碼｜978-986-179-878-3　CIP：785.28/113004100

國家圖書館出版品預行編目資料

奧黛麗・赫本（傳記漫畫）／艾琳・霍菲
（Eileen Hofer）與克里斯多福（Christopher
）著；蔡孟貞譯 . ——初版——台北市：
大田，2024.6
面；公分 . ——（討論區；051）

ISBN 978-986-179-878-3（平裝）

785.28　　　　　　　　113004100

① 填回函雙重禮
② 立即送購書優惠券
抽獎小禮物